Ernst Büttner

**Hannover**
Die Hauptstadt Niedersachsens

**Büttner, Ernst:** Hannover. Die Hauptstadt Niedersachsens
**Hamburg, SEVERUS Verlag 2012**
Nachdruck der Originalausgabe von 1937

ISBN: 978-3-86347-337-2
Druck: SEVERUS Verlag, Hamburg, 2012

Der SEVERUS Verlag ist ein Imprint der Diplomica Verlag GmbH.

**Bibliografische Information der Deutschen Nationalbibliothek:**
Die Deutsche Nationalbibliothek verzeichnet diese Publikation in der Deutschen Nationalbibliografie; detaillierte bibliografische Daten sind im Internet über http://dnb.d-nb.de abrufbar.

© **SEVERUS Verlag**
http://www.severus-verlag.de, Hamburg 2012
Printed in Germany
Alle Rechte vorbehalten.
Der SEVERUS Verlag übernimmt keine juristische Verantwortung oder irgendeine Haftung für evtl. fehlerhafte Angaben und deren Folgen.

seVerus

Aus dem Antlitz Deiner Heimatstadt spricht die Geschichte Deines Volkes.

Die Besinnung darauf ist Deine Verpflichtung an die Zukunft.

*Dr. Menge*

Oberbürgermeister

Hannover, im Mai 1937

# Inhalt

Seite

**Hannover, die Stadt am Hohen Ufer, entsteht** . . . . . 5

Niedersächsischer Lebensraum . . . . . . . . . . . . 5
Vorzeit und Urzeit . . . . . . . . . . . . . . . . . 6
Frühe Siedlung Hannover . . . . . . . . . . . . . . 6
Nicht Embere, aber Hannover . . . . . . . . . . . . 7
Stadt am Hohen Ufer . . . . . . . . . . . . . . . 9
Bürgerstolz und Landesherrschaft . . . . . . . . . . 11

**Im mittelalterlichen Hannover** . . . . . . . . . . . . . 13

Städtebünde . . . . . . . . . . . . . . . . . . . . 13
Um die Gunst der Fürsten . . . . . . . . . . . . . 13
Verrat und Überfall . . . . . . . . . . . . . . . . 14
De ersame Rad . . . . . . . . . . . . . . . . . . 16
Wie die Bürger lebten . . . . . . . . . . . . . . . 17
Kopmann, Kramer, Hoker . . . . . . . . . . . . . 17
Dat Ampt . . . . . . . . . . . . . . . . . . . . 18
Die Kirche . . . . . . . . . . . . . . . . . . . . 20

**Von der Reformation zum Dreißigjährigen Kriege** . . 22

Um die reine Lehre . . . . . . . . . . . . . . . . 22
Stille Zeit . . . . . . . . . . . . . . . . . . . . 25
Tilly und die Dänen . . . . . . . . . . . . . . . 26
Die Häuser der Altstadt erzählen . . . . . . . . . 27

**Hannovers Aufstieg** . . . . . . . . . . . . . . . . . 30

Residenz . . . . . . . . . . . . . . . . . . . . . 30
Unter absolutem Regimente . . . . . . . . . . . . 32
Herrenhausen und sein Geist . . . . . . . . . . . 33
Ägidienneustadt entsteht . . . . . . . . . . . . . 37
Musenstadt . . . . . . . . . . . . . . . . . . . . 38

**Hannover wird Großstadt** . . . . . . . . . . . . . . 39

Im neunzehnten Jahrhundert . . . . . . . . . . . 39
Industrie . . . . . . . . . . . . . . . . . . . . . 40
Königliche Residenz . . . . . . . . . . . . . . . . 41
Laves baut . . . . . . . . . . . . . . . . . . . . 42
Die Eisenbahn . . . . . . . . . . . . . . . . . . 43
Der letzte König . . . . . . . . . . . . . . . . . 44
Im Kaiserreich . . . . . . . . . . . . . . . . . . 45
Weltkrieg und Zusammenbruch . . . . . . . . . . 46
Das Dritte Reich . . . . . . . . . . . . . . . . . 49

**Hannovers Wirtschaftsblüte seit hundert Jahren** . . . . 52

# Hannover, die Stadt am Hohen Ufer, entsteht

Niedersächsischer Lebensraum. Wer von dem „stahlblauen Schuppenpanzer" der Nordsee 200 Kilometer südwärts ins Land schreitet, der kann ein gutes Stück Erdkunde beim Wandern erleben. Hinter der Schranke der Deiche findet er den Gürtel der reichen Marschen, dann in langwelliger Weite Geest, Heide und Moore. Danach betritt er die fruchtbare Zone des Löß- und Lehmgebietes. Gleichzeitig aber zwingen ihn die Ausläufer des deutschen Mittelgebirges zu naturgegebenem, wohl schon seit Jahrtausenden von den Menschen innegehaltenem Kurse, wie ihn die Flüsse Ems, Weser, Leine und Oker in der umgekehrten, der Süd-Nord-Richtung benutzen. Kurz bevor er die Heide verläßt, hat er noch gehört, daß der Bauer niederdeutsch sagt: „He ropt mi" und „he trut mi". Wenig südlicher hört er „Hei raupt mik" und „hei trut mik". In der Heide noch sah er das niedersächsische Einhaus, vom Hof umgeben, nach Südosten fand er die fränkisch-thüringische Hofanlage, in der die Gebäude den Hof in Hufeisenform umklammern. In der Heide schlanke, dürre Menschen mit schmalen Gesichtern, vom Löß- und Lehmgebiet an häufiger massige Gestalten mit runden Schädeln. Nördlich Roggen und Hafer, südlich Rüben und Weizen! Nördlich Kiefern, aber nicht ursprünglich, südlich Eiche und Buche!

Vorzeit und Urzeit. Schon in der Älteren Steinzeit haben hier Menschen mit dem Faustkeil geschafft (Fundstätte bei Hemmingen) und das Mammut in die Fallgrube gejagt. In der Jüngeren Steinzeit, um 3000 vor Christus, errichteten Menschen, die wir schon Indogermanen nennen dürfen, in der Heide die gewaltigen „Steinhäuser" für ihre Toten, während man diese im Lößgbeiet in Flachgräbern beisetzte. Ein Jahrtausend später hatten die Bewohner den Gebrauch der Bronze gelernt. Sie verbrannten die Leichen und setzten sie in großen Hügeln (Gräberfeld bei Burgstemmen) bei. Schöne Goldgeräte jener Zeit sind gefunden, so der Halsring, die „lunula" von Schulenberg. Und um Christi Geburt ist es der Stamm der Cherusker, ansässig beiderseits der Leine ein wenig nördlich auf Heideboden, vornehmlich aber südwärts, der, längst schon im Besitze eiserner Geräte, die Römer aus dem Lande jagt. Jahrhundertelang schweigen die Quellen. Als sie endlich wieder erzählen, da sitzt hier schon seit geraumer Frist der Stamm der Sachsen, etwa auf der Leinelinie geteilt in die Ostfalen und Engern, denen sich westlich, bis fast an den Rhein, die Westfalen anschließen. Wir wissen nichts anderes, als daß nie ein Wanderstrom während der großen Völkerwanderung über dieses Gelände gebraust ist. Vielleicht sind nur die Sachsen von jenseits der Elbe gekommen und haben sich die zweifellos nahe verwandten südlichen Stämme unterworfen. Gleichwohl kann im ganzen von der Bevölkerung unseres Landes gelten, was Tacitus von den Germanen sagt: „Sie sind ein ganz eigenes, rassereines, einzig sich selbst gleiches Volk."

Frühe Siedlung Hannover. Aus einem vicus — was für unsere Lande Dorf heißt —, gelegen etwa an der Grenze von „mi" und „mik", von Sand und Löß, von Ebene und Bergland, da wanderte um 1100 ein Mägdlein nach Hildesheim. An dem Grabe des heiligen Bernward fand es Heilung von schweren Leiden. Diese Legende gibt die älteste Erwähnung des vicus Hanovere. Eine große Zeit Sachsens folgte. Heinrich der Löwe, Herr an der Donau, Weser, Elbe, Ost- und Nordsee, hielt 1163 in seiner curia, seinem Hofe, zu Honovere Zusammenkunft. Sein

Absturz folgte. Der Sohn Barbarossas, Heinrich VI., verbrannte 1189 civitatem Hanovere im Streite gegen den Löwen.

Als 1235 dessen Enkel, Otto das Kind, mit des Rotbarts Enkel, Kaiser Friedrich II., sich versöhnte, da war das sächsische Stammesherzogtum vernichtet. Mit den Herzögen des Landes Braunschweig und Lüneburg nur hatte es unser Gemeinwesen zu tun. Und der erste Herzog dieses Landes, eben Otto das Kind, verlieh ihm 1241 eine Urkunde, die man sein erstes Stadtrecht genannt hat.

Nicht Embere, aber Hanovere. Wer um 1100, etwa zur Zeit der Schneeschmelze, sich der Leine bei der heutigen Bismarckschule oder südlich und nördlich davon genähert hätte, der wäre auf einen kilometerbreiten natürlichen See gestoßen, mit dem die Leine, damals noch in viele Arme zerteilt, aus ihren Schmelzfluten die Werderlandschaft der Masch überdeckte. Nicht anders nördlich Hannovers! Der Ost=West=Verkehr war hier behindert. Wohl aber gab es seit Jahrtausenden auf den hochgelegenen geestartigen Rändern der Flußaue nicht nur Siedlungen, sondern auch Fernverkehr in Süd=Nord=Richtung. So lag das Dorf Embere, von dem der Emmerberg seinen Namen trägt, denkbar günstig — eben für ein Dorf — auf einer Höhe: es hatte wasserfreie Äcker und zog Nutzen von den saftigen Maschwiesen. Hart am Dorfe trieb ein Leinearm die Dorfmühle. An der Ostseite zog die uralte Fernstraße vorüber, die von Mainz über Fritzlar kam, den heutigen Döhrener Turm berührte und über die jetzige alte Döhrener, Meter=, Lehzens=, Hölty=, Marien= und Breite Straße verlief. Trotz günstiger Lage: Stadt konnte Embere nicht werden, weil das Überschwemmungsgebiet der Masch den Ost—West=Verkehr hinderte.

Anders Hanovere! Die oben genannte Fernstraße paßte sich von der Breiten Straße her der Leinerichtung an. Auf der Höhe ging sie durch die heutige Markt= und Schmiedestraße, vielleicht auch durch die Lein= und Burgstraße zum späteren Steintore hinaus über die heutige Goseriede nach Bremen. Diese Höhe aber, der sogenannte „Altstadthügel", reicht bis an die Leine heran, die im seichten Bette bis zur heutigen Wasserkunst fließt, dann in die

Tiefe stürzt und als Saumfluß neben einem sehr hohen Ufer am heutigen Schloß, dem Beguinenturm und dem Konzerthaus herzieht. Nun nähert sich von der andern Seite her der letzte Ausläufer des deutschen Mittelgebirges, der Lindener Berg, auf eine ganz kurze Entfernung der Leine. Und auch auf diesem Ufer verlief eine flutfreie Nord—Süd=Straße. Sie kam von Göttingen über Einbeck, Elze, Pattensen, Linden, Limmer, führte über Seelze und hatte über Wunstorf Anschluß durch die Pässe zwischen dem Steinhuder Meer und dem Deister an die Porta nach Westen, aber auch nach Bremen. Sie besaß wohl auch Verbindung von Linden aus über die Bäckerstraße in der heutigen Neustadt und die Brühlstraße über Elze, Meitze, Walsrode, Harsefeld nach der Elbe. Auf dieser Straße sind isländische Geistliche über Hildesheim und Gandersheim nach Rom gereist.

Zwischen diesen beiden Nord—Süd=Straßen lag an dem hohen Ufer über der Leine Heinrichs des Löwen Hof Honovere. Die natürlichste Erklärung des Namens Hannover ist und bleibt seine Ableitung von diesem hohen Ufer. Den Hof Honovere glaubt man im heutigen Ballhof, der in der Schönheit des Barock dieses Jahr neu erstehen soll, wiedergefunden zu haben. Er mag ein befestigter Wirtschaftshof an einer Etappenstraße der sächsischen Kaiser gewesen sein. Sicher wissen wir, daß der spätmittelalterliche Sankt Gallenhof und sein Nachfolger, der barocke Ballhof, noch lange im Eigentum der welfischen Landesfürsten stand.

Wo aber lag das Dorf Hanovere? Vielleicht als Wohnsitz der Hintersassen der curia dicht um diese herum, vielleicht auf dem Broyle (Brühlstraße), wo nach 1300 noch Katen Höriger nachweisbar sind.

1189 wurde die Stadt Hanovere verbrannt, wenn wir civitas so übersetzen dürfen. Wo suchen wir diese? Ist sie nach dem Unglück auf demselben Grundriß wiedererstanden, den sie zuvor hatte, oder gab der Brand willkommenen Anlaß, neu und der Zeit entsprechend zu vermessen und aufzuteilen? Auffallend bleibt, daß der Grundplan der Stadt, der seit jenen Tagen bis heute kaum wesentlich geändert ist, ganz das Gepräge der „gegründeten Städte" von diesseits der Elbe trägt. Das gilt besonders für die lanzette=

förmige Figur, welche die Ofterftrate und die Koppers
flegerftrate einer= und die Marktftrate und die Strate in
den Smeeden andrerfeits bilden. Vom Ägidientor führte der
Verkehr von der einen Spitze der Lanzette bis zur andern vor dem
Steintore. Die breite Stelle der Schmiedeftraße mag der Markt
gewefen fein, wie dort noch lange die Tollenbode ftand. In der
Ofterftraße "parkten" die Marktwagen; denn ein Markt ift die
Vorausfetzung für die Stadtwerdung. Er zieht die "freie" Bes
völkerung der Kaufleute her, die Vertreter der warenverteilens
den Wirtfchaft, und fchafft Siedlungsraum und Arbeit den ftädti-
fchen Vertretern der warenerzeugenden, den Handwerkern.

Wann diefe Dreiheit, Herzogshof, Dorf und Markt=Stadt, zu
einer Einheit, gar einer befeftigten, zufammengewachfen find, da=
von erzählt keine Urkunde.

Burg Lauenrode entftand als vierte Siedlung vor 1215
auf dem Berg ein wenig nördlich von der heutigen Synagoge,
links von der Leine. In einem Hinterhofe fteht noch eine fehr alte
Mauer. War die Vefte von Heinrich dem Löwen gegründet, wie
der Name vermuten läßt oder von feinen Lehnsgrafen, den Grafen
von Roden und Wunftorf, die wie er den Löwen im Wappen
führten und auch in Limmer eine Burg befaßen? Oder ift Lewens
rod von lew = niedrig abzuleiten? Daß aber Wälder gerodet find,
um Raum für die Burg zu fchaffen, erzählt der Name. Ift fie zum
Schutze der curia, der Stadt, des Leineüberganges, der Nord—Süd=
Straßen, zu ihrer Beherrfchung oder zu allen diefen Zwecken zu=
fammengenommen, errichtet worden?

Stadt am hohen Ufer. Keine Einigkeit herrfcht unter den Ges
fchichtsfreunden über die Frage, warum gerade bei Honovere
aus Kleinfiedlungen eine Stadt wurde. Wir halten daran feft,
daß die Überführung der Waren vom Leinefchiff auf den Wagen
an der Grenze der Schiffbarkeit, daß das Hohe Ufer mit der Mög-
lichkeit einer flutfreien Brücke und daß die Nord—Süd=Straßen wichtige Urfachen waren, und wir dürfen annehmen, daß die Kreuzung

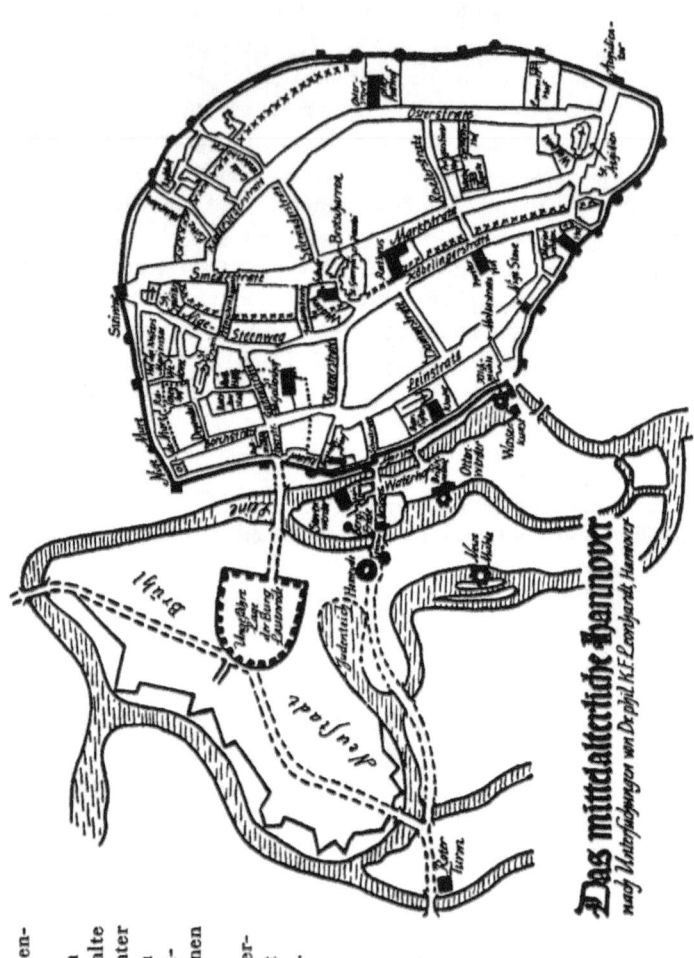

Das mittelalterliche Hannover
nach Untersuchungen von Dr. phil. K. F. Leonhardt, Hannover

Noch heute erkennen wir beim Durchwandern der Stadt das „alte Hannover" hinter seinen Giebeln und Fachwerkfronten, an seinen Kuppeln und Türmen. Niedersachsen spricht auch hier . . .

dieser Verkehrsrichtung durch eine oſt=weſtliche, welche die Brücke über die Leine benutzte, dazugekommen iſt. Vom Rheine her führte ein ſehr alter Helweg (wohl Heerweg), der öſtlich des Porta= Paſſes von Minden den Namen führte "Helweg vor dem Sandforde". Vermutlich durchzog er die Päſſe zwiſchen dem Steinhuder Meer und dem Deiſter und zwiſchen dem Benther und dem Gehrdener Berge, überſchritt die Leine bei Jeinſen=Schlie= kum und wandte ſich dann auf Hildesheim. Eine Abzweigung von dieſer wichtigen Gebirgsrandſtraße in der Richtung über Han= nover nach Oſten muß vorhanden geweſen ſein, ſonſt wäre die ganze Umgegend ohne Verbindung mit ihrer Biſchofsſtadt Min= den geweſen, deren Stadtrecht Hannover ſpäter beſaß. Erſt die Schneidung der beiden Verkehrslinien, der oſt=weſtlichen mit der nord=ſüdlichen, erklärt uns, weshalb an dieſer Stelle eine Stadt entſtand, Hannover, die Stadt am hohen Ufer.

Bürgerſtolz und Landesherrſchaft. Dieſer Siedlung Ho= novere gewährte der Enkel Heinrichs des Löwen, Otto das Kind, im Jahre 1241 ein Stadtrecht. Es ehrt den Herzog, daß er es gewährte, hatte doch Kaiſer Friedrich II. kurz vorher, um ſich gerade den Landesfürſten gefällig zu zeigen, Geſetze erlaſſen, welche die jungen aufblühenden ſtädtiſchen Gemeinweſen knebeln ſollten. In ſeinem Stadtrecht gelobt der Herzog, ihre Rechte nicht vermin= dern, ſondern vermehren zu wollen. Er verſpricht ferner, die Stadt niemandem zu Lehen zu geben, ſondern als eine freie ſich und ſeinen Erben bewahren zu wollen. — Weiter gewährte der Fürſt der Stadt die Zollvergünſtigungen, welche die Bürger Braunſchweigs in ſeinen Landen genoſſen. Die ſchon damals vorhandene Befeſti= gung zwiſchen der Burg und der Stadt ließ er beſtehen. Dieſes grundlegende Privileg zeigt unſere Stadt ſchon im Beſitze des Ra= tes, der ſtädtiſchen Selbſtverwaltung, und das beweiſt, daß ſie aus der ländlichen Umgebung ausgeſchieden war. Die Landbevölkerung kannte keine Selbſtverwaltung. Sie unterſtand dem herzoglichen Vogt. Weiter nennt das Privileg den erſten ſtädtiſchen Beamten, den Burmeſter, der die Marktpolizei ausübte. Die Ernennung der magistri artium manualium, die entweder Handwerksmeister oder gar Zunftvorsteher gewesen sein müssen, wurde das ausschließliche Recht des Rates, durch das er, wie durch jenen Burmester, schon 1241 ein Mittel besaß, auf das Wirtschaftsleben erwünschten Einfluß zu nehmen.

Auf dem Grunde dieses Stadtrechtes von 1241 entwickelte sich Hannover günstig und im ganzen bis 1370 in auffälligem Frieden mit den Herzögen. Diese geizten nicht mit Privilegien für die Stadt, selbstverständlich gegen klingende Gegenleistung: Niemand außer den „Burgensen" selbst sollte in der Stadt Tuche schneiden, d. h. im Anschnitt verkaufen dürfen. Für die Bürger wurde das harte Recht der „gruntroringe" aufgehoben, demzufolge Ware ganz oder zum Teil dem Herzog zufiel, wenn sie auf einer seiner Brücken, etwa durch Radbruch oder andern Unfall, an den „Grund rührte". Nach 1290 erhielt der Rat vom Herzog das Patronat der Heiligengeistkirche.

Als Otto der Strenge der Stadt 1322 die Münze und den Wechsel verkaufte und ausdrücklich die Münzprägung zu Münder, Springe, Eldagsen, Pattensen, Neustadt, Celle und auf den Schlössern dieses Landesteils verbot, da hob er Hannover sichtlich aus der Umgebung heraus. Das letzte Privileg Ottos gestattete den Bürgern den Bierverkauf in Tonnen. Es wurde die Grundlage für den nachmals so wichtigen Brau zu Verkaufszwecken.

1348 verkauften die Herzöge Otto und Wilhelm der Stadt den Wortzins (Wort = Wohngrundstück). Dadurch wurde ihre Grundherrschaft über den Boden der Stadt tatsächlich aufgehoben. An Mariä Lichtmessen desselben Jahres überließen sie dem Rate die Schule. Sie ist als Ratsgymnasium noch heute städtischer Besitz. Der Heringszoll zu Winsen an der Luhe wurde 1353 für die Bürger herabgesetzt. Das war wichtig für den Freitag und die Fasten. 1363 erhielten die Bürger die Erlaubnis, im Warmbüchener Moor Torf zu stechen. 1357 erhielt der Rat die Genehmigung, die Befestigung „mit murende und gravende" zu verbessern, nur nicht gegenüber der Burg. Er half sich: etwas oberhalb errichtete er den trotzigen Beguinenturm, der heute noch steht.

Die Herzöge erkannten, daß das Gemeinwesen wirtschaftlich, vielleicht auch politisch, soweit erstarkt war, daß der Landesherr klug tat, sich gut mit ihm zu stellen, wenn er Nutzen aus ihm ziehen wollte.

## Im mittelalterlichen Hannover

Städtebünde. Das Landesfürstentum und die Städte bildeten die beiden Pole, zwischen denen sich damals die Außenpolitik einer Stadt bewegte. Schon im Beginn des 13. Jahrhunderts unterhielt Hannover weitreichende Beziehungen zu anderen Städten. Mit andern Städten beschwerte sich die unsrige 1267 bei Gent in Flandern über unrechte Behandlung deutscher Kaufleute. Seit „alten Zeiten" lebte sie schon 1285 nach dem Rechte Mindens. Sie gehörte zu den Städten, die gelobten, von dem Gerichtshofe zu Nowgorod am Ilmensee in Rußland sich nur an den von Lübeck berufen zu wollen.

Um die Gunst der Fürsten. Herzog Wilhelm war der letzte der Lüneburger Welfen. Wen nach seinem Tode Lüneburg und Hannover benennen würden, der sollte sein Nachfolger werden, so verfügte er 1354. Das war die Krönung unter den fürstlichen Gunstbezeugungen, welche die Städte im Lüneburgischen so reichlich erfahren hatten. Kaiser Karl IV. aber griff ein und verlieh die Lüneburger Lande für den Todesfall Wilhelms den Askaniern, die in weiblicher Linie mit den Welfen verwandt waren. Ein furchtbarer Erbfolgekrieg drohte.

So war die Stellung der Städte bedeutungsvoll. Beide fürstlichen Parteien umschmeichelten sie und schenkten Privilegien. Braunschweig, Goslar, Einbeck, Hameln, Halberstadt, Hannover, Lüneburg und andre schlossen ein großes Bündnis. Die Macht der einzelnen Städte ermißt man an der Zahl der zu stellenden Reiter, wovon Braunschweig 12, Helmstedt 3, den übrigen je 5 zufielen.

Herzog Wilhelm kam in die Reichsacht, weil er sich der Belehnung der Askanier widersetzte. Die Städte blieben ihm treu, aus Selbstsucht! Der Fürstenhader diente ihrem Vorteil. Ihr Einfluß wurde bedeutend: Lüneburg und Hannover waren Schiedsrichter in einem Hansestreit zwischen Rostock, Kiel und Hamburg.

Da starb 1369 Herzog Wilhelm. Die Herzöge Wenzel und Albrecht von Askanien versprachen der Stadt Hannover, falls sie Herzöge des Lüneburger Landes würden, die Burg Lauenrode zum Abbruch und einen freien Wasserweg die Leine und Aller abwärts nach Bremen. Sie erlaubten, die Stadt und die Eilenriede auf herzoglichem Lehnsgrunde zu vergrößern. Ferner sollte der Jude aus Hannover weichen — ewiglich sollten dort keine Juden wohnen.

Hannover widerstand solchen Lockungen nicht. Es wechselte die Front. Der eigene Vorteil siegte, mochte auch der Städtebund darüber in die Brüche gehen.

Die Burg auf dem Lüneburger Kalkberge und die Burg Lauenrode wurden zerstört.


Verrat und Überfall. Der Kampf um die Vorherrschaft zwischen Fürstentum und Städten gab dem beginnenden 15. Jahrhundert einen Teil seines Gepräges. Der sächsische Städtebund, in der H a n s a das „sächsische Quartier" bildend, war zu einer achtunggebietenden Macht geworden. An vielen Orten Deutschlands tobten Städtekriege. Gelang es mancher Stadt, freie Reichsstadt zu werden, so vermochte andererseits hie und da wohl ein Fürst, seine Landstädte der Stadtfreiheiten zu berauben. Das führte auch Herzog Heinrich gegen seine Stadt Hannover im Schilde.

Am Vorabend Crisogoni martiris, also am 23. November 1490, ließ er die Döhrener Landwehr, d. i. den Döhrener Turm, mit List und Verrat einnehmen und bemannen. Große Wagen wurden als Kornwagen ausstaffiert, mit Schlaglaken versehen und mit Gewappneten besetzt. Ins Ägidientor sollten sie einfahren, in ihm halten und so verhindern, daß die Schlagpforte, das Fallgatter heruntergelassen und die Torflügel geschlossen werden könnten.

Siebenmännerstein von 1480 an der Ägidienkirche

„Unverhüteter Dinge" hoffte der Herzog in die Stadt dringen zu können, um, wie der Chronist grimmig sagte, alle zu töten, Frauen und Männer, Geistliche und Weltliche, jung und alt, Jungfrauen und Mägde, und niemanden zu verschonen, bis er zu seinem begehrlichen Ende gelangt sei. Sobald die Wagen im Tore ständen, sollte ihre Bemannung dieses und die Mauer besetzen, und ein Büchsenschuß sollte allen im Vorgelände verborgenen Rittern und Fußknechten das Zeichen geben, in die Stadt einzustürmen.

Ein Mann, Cord Borgentrick, der in der Morgenfrühe die Stiege zu dem Friedhof „Unsrer lieben Frauen Kapelle" vor dem Ägidientor hinaufstieg, sah die Gärten voller Gewappneter. Er warnte den Torwärter. Er schloß die Tore und gab einen Schuß ab. Ihn hörten die Feinde. Mit drei entfalteten Bannern eilte der Herzog mit Fürsten und Grafen, mit 200 Mann zu Fuß und über 800 zu Pferde herbei. Vergebens! Vergebens auch, daß man die Leine bei Ricklingen mit Korbhäusern abdämmte, um durch Stilllegung der Mühlen die Stadt auszuhungern, vergebens, denn im Flußbett entsprangen so viele Quellen, daß man notdürftig mahlen konnte. Die Stadt wurde gerettet. Gleich den größten Festtagen sollte von nun ab, solange Hannover im „Wesen" sei, dieser Crisogonitag mit feierlicher Prozession begangen werden. „Verlaßt euch nicht auf Fürsten", so schließt der Chronist seinen feierlichen niederdeutschen Bericht. Man wußte, welcher Gefahr man entronnen war.

Ein Stein an der Ägidienkirche, auf dem sieben Männer vor dem Gekreuzigten knien, gab den Anlaß zu der Sage, sieben Wächter des Döhrener Turmes hätten in diesem Kriege nach spartanischem Kampfe den Heldentod für ihre Vaterstadt erlitten. Tatsächlich ist der Stein der eingemeißelten Jahreszahl nach älter.

Nach dem Broyhantaler vom Jahre 1546. Die Ausfuhr vom Broyhan über Bremen ins Ausland war s. Zt. eine der Quellen des Wohlstandes Hannovers

„De ersame Rad". Stolz verkündete der Rat: „Wir können ohne Erlaubnis des herzoglichen Vogtes statuta oder burkore erlassen." Der Rat schloß selbständig Bündnisse mit Städten und Fürsten. Er vertrat die Bürger und die Stadt nach außen, auch gegen Fürsten, und in den Landständen. Er übte die militärische Hoheit aus und die allgemeine, die Feuer- und die Baupolizei. Er setzte bei den Herzögen Verbote des im Wettbewerbe überlegenen Hildesheimer Bieres durch. Er wußte die Freiheit des Wasserweges nach Bremen bei den Herzögen zu erreichen und schloß Zollverträge mit Bremen. Er trieb Handelspolitik, die heute allein dem Reiche zukommt.

Völlig unabhängig war er in der Führung des Haushalts. Im ganzen blühte ihm Erfolg: Die Bierakzise, gesteigert durch das Verbot des Hildesheimer Bieres, war eine vortreffliche Einnahme. Als Cord Broyhan 1526 sein berühmtes, nach ihm genanntes Bier erfunden hatte, da nahm die Biererzeugung einen solchen Aufschwung, daß Hannover um 1608 ebensoviel braute wie das viermal größere und für Übersee herstellende Lübeck. „Broyhan" wurde eine wichtige Ausfuhrware für die Bürger und für den Rat eine ergiebige Steuerquelle.

Unter den Ausgaben der Ratsfinanz standen solche obenan, die heute Reichssache sind, so für Befestigungen und Söldner, daneben Verzinsung der Anleihen, Löhne und die Unterhaltung des Ratsmarstalles unter seinem Ridemester.

Wie die Bürger lebten. Die mittelalterliche Ratsverfassung spiegelte deutlich das Wirtschaftsleben damaliger Tage wider. Es hatte ländliches Gepräge. Hornruf sammelte die Viehherde. Zwischen den Schweinekoben auf den Straßen zog sie hinaus bis nach Schulenburg und Gotteshorn hin. Der brauberechtigte, hausbesitzende Bürger durfte sechs, der Besitzer einer Boda drei Kühe in die Herde treiben. Der kleine Mann pachtete vor dem Tore ein Stück Land, der Wohlhabendere hatte es wohl zu eigen. Beide bewirtschafteten es selbst. Die Reichsten besaßen weiter draußen Meierhöfe, die von Bauern „gefruchtigt" wurden. Naturgemäß waren unter den Gewerben die in der Überzahl, welche landwirtschaftliche Erzeugnisse verwerteten, die Knochenhauer, Garbrater und jüdischen Schächter, die Kramer als Handschuh- und Riemenmacher und auch als Gerber, die Schuster und Kürschner, die Wollenweber, Schneider und Hutfilzer, die Müller und Bäcker, Mälzer und Brauer, d. h. die Inhaber der brauberechtigten Häuser, die Leineweber und Ölschläger. Weniger zahlreich waren die Verwerter mineralischer Rohstoffe, die Schmiede, Geschützgießer, Goldschmiede, die schon in der Mitte des 14. Jahrhunderts eine Zunft besaßen, und die Steinmetzen, Maurer, Zimmerleute, Bildschnitzer, Maler, Glaser und Erzgießer, die einer solchen noch länger entbehrten.

Kopmann, Kramer, Hoker. Gehandelt wurden an Erzeugnissen der Viehzucht: Vieh, Fleisch, Häute und Pelze, Butter, Eier, Käse und Fette (Smeer), Honig, Wachs und Kerzen für Kirchen, Häuser und Zunftstuben; einheimische und fremde Tuche aus Tournay, Poperinghe, Ath im Hennegau, Aachen, Damme, Roermond, Den Haag, holländische, brabantische, französische und englische; und aus der Fischerei (für den Freitag und die Fasten): Hering und Stockfisch aus Bergen in Norwegen, Lachse und Hechte. Unter den Erzeugnissen des Ackerbaus begegnen wir Wein, Korn, Kleie, Mehl und Brot, Hopfen, Malz und Bier, Flachs und Leinwand, Holz und Holzkohle, während unter den Produkten des Berg- und Salinenwesens vornehmlich Salz und Eisen, besonders schwedisches, sogenannter Osemunt, zu nennen sind.

Es handelten der Kopmann, auch Wandschneider genannt, und die den Stand der Minderkaufleute bildenden Kramer und Hoer. Die beiden letzteren waren im wesentlichen von der Ratsfähigkeit ausgeschlossen, in Zünften vereinigt und durch diese ebensosehr als Glieder des kleinen Mittelstandes geschützt wie gefesselt, so daß sie sich aus ihm nicht erheben konnten. Der Kopmann bildete den privilegierten Handelsstand. Der Größe seines Betriebes war keine Grenze gezogen, er allein konnte dem Mittelstande entwachsen. Wie er mit dem fast ausschließlichen Tuch- und Leinewandhandel im Anschnitt — daher der Name Wandschneider — begnadet war, wie er Fernhandel und als erster gleich den Medizäern Geldgeschäfte betrieb, so beherrschte er auch zu Hannover den Rat und damit die Politik.

Dat Ampt. Hiermit sind wir bei der Organisation angekommen, die sich die städtische Wirtschaft gegeben hatte, bei der Zunft, oder, wie man bei uns sagte, dem Ampt. Die Zünfte boten dem Erzeuger wie dem Verbraucher Schutz. Jenem hielten sie durch strenge Auswahl der Aufzunehmenden und gute Ausbildung der Gesellen den Wettbewerb der Pfuscher vom Leibe. Wer in Hannover Höker werden wollte, der mußte sein: „unberuchtiget, ehelich und rechtgeboren von vader und moder und hebben sick erlichen geholden und sin nemandes egen, sundern sin fri geboren, ok nen Wend, sunder si Dudischer (Deutscher) art, nenes tolners, mollers, linewevers, schapers, pipers, garbraders, badstovers edder nenes verruchten mannes kind geboren." Im Kampf gegen den Wettbewerb schlechter Waren setzten z. B. die Wollenweber 1449 beim Kopmann das Versprechen durch, keine minderwertigen Tuche einführen zu wollen. Das Entstehen von Großbetrieben verhinderten im Sinne der Mittelstandspolitik Bestimmungen wie die der Höker, daß keiner mehr haben solle als eine Bank (Tresen), einen Schmerammer (Jetteimer) und einen Botterammer, die der Kürschner, daß kein Meister „mer holden schal wen dre personen", oder die der Knochenhauer, daß sie unter sich keine „Vorbindinge noch Selschoppen mit orem Quecklope (Viehkaufe) unde Fleschverkope hebben sollen". Stets blieb der Meister Lehrer und bester Facharbeiter in der Werkstatt.

Alles, was nun der Güte der Ware diente, schützte auch den Verbraucher. So geboten die Höker, daß niemand „andern Fisch weken (einweichen) edder sellen (im kleinen verkaufen solle), denn alleine Bargenfisch (aus Bergen). Und wenn he den Fisch will weken, so schal he den weken in reinem Water", nicht in Leinewasser. Endlich bewahrte das Ampt den Verbraucher vor Preistreiberei und Zurückhaltung der Ware.

Gehen wir einmal in die Zunftstube der Höker, deren Wappen, drei Heringe, uns noch heute an ihrem ehemaligen Hause in der Kreuzstraße unter dem Turme der Kreuzkirche grüßt. Ein Neuling will aufgenommen werden. In drei „Morgenspraken", den Zunftsitzungen, muß er das „Amt heischen". Jedesmal hat er etwas zu stiften, ein Zinnfaß von 4 Pfund, 6 Pfund Wachs, auch wohl einen Schafkäse von 10 Pfund. Beim dritten Eschen (Heischen) hat er eine Gasterei zu geben (Kost), und zwar an zwei Tagen ein Essen von „veer Richten" (Gerichten) und eine Kope (Kufe) Biers. Nach der Mahlzeit gibt er den Frauen „dat Krude" (Kraut, gezuckerte Dinge), auch führt er Männer und Frauen auf seine Kosten in den „Stoven", das öffentliche Bad. So viel Bieres soll er geben, „als Suster und Broder twe ganze Dage utodrinken mogen". Nach dem Essen muß er ein „hävisch", höfisches oder hübsches Lied singen. Wer ihn dabei auslacht, zahlt 10 Schillinge. Der amtsjüngste Meister soll ihm nun einen „suverliken Kranz setten up sin Hovet und nemen des Ampts Willkome unde trinken dem nien Broder to". Nun ist er Meister.

In Fällen der Not half die Zunftlade mit Darlehen, und bei Schwerkranken hatte der Meisterknappe in nächtlichem Wechsel zwei Gesellen wachen zu lassen. Ward aber einem Zunftmann „zu kurz von Todes wegen", so bezahlte, wenn er arm war, die Zunft sein Begräbnis. Alle Mitglieder, Männer wie Frauen, hatten dann nicht nur zur Seelenmesse in die Kirche, sondern auch mit an das Grab zu gehen.

So fand der Zunftmann überall, in der Fremde bei befreundeten Ämtern, daheim in der Werkstatt, in der Zunftstube, in den Kirchen, ja, selbst im Fegefeuer ein Stück Heimat bereitet.

Die Erzeugnisse seiner Arbeit aber, z. B. „machinas Germanicae", Deutsche Geräte, erregten damals im Auslande allgemeine Bewunderung, wie die kunstgeschmiedeten Kirchenschranken, Laden und Geräte noch heute das Entzücken jedes Schönheitsfreundes erwecken.

Die Kirche. Morgens und abends ertönte vom Marktturme das „Ave=Maria=Kleppen". Schritt ein Priester mit dem Leib des Herrn zu einem Kranken, so trugen ihm zwei Knaben eine „Lüchte", eine Laterne, voran und sangen lateinisch „Es war ein Mann, der machte ein großes Abendmahl". Kam der Winter, so wurde in der Marktkirche gegenüber von Christi Kreuztragung ein Becken mit Holzkohlen entzündet, damit an ihm sich die Gläubigen die Hände wärmen und um so fleißiger beten könnten für den Stifter dieses Beckens. Wenn die Fasten begannen, so wurde der Chor der Ägidienkirche durch ein gemaltes „Fastenlaken" vom Hauptraume getrennt, denn der Mensch ist dann nicht wert, das Heiligste zu schauen. Karfreitag wurde in demselben Gotteshause eine Nachbildung des Grabes Christi errichtet. Daran lasen, besoldet aus einer Stiftung, zwei Schüler den „Salter Davides", aber „lengsem unde sedegen", langsam und sittig.

Der erwartungsreiche Ostertag, der Tag der „benedyeten Upstandinge des Heren", wurde in der mächtigen, säulengetragenen Halle unsrer Marktkirche besonders feierlich begangen. Wenn der „Seiger", ursprünglich die Wasser=, damals längst die Räderuhr, halbwegs zu sechs Uhr war, dann läutete der Küster zum ersten Male mit der großen Glocke, um sechs zum zweiten, wenn das Volk im Gotteshause versammelt war, zum dritten Male. Nun schritt durch das Turmportal der Rektor der Ratsschule, ein Geistlicher mit allen Schülern in Chorhemden, dann der Kirchherr mit drei Kaplänen und elf Altaristen in die Mitte des Gotteshauses. Der Kirchherr trug das Allerheiligste „mit Ehrwürdigkeit" auf den Frühmessenaltar. Der Chor sang währenddessen lateinisch „O wür=

Marktkirche, Westportal — Spitzbogen. Kirchenportale tragen in ihren
Figuren eine starke Mischung von Gebärde und beschaulichem Gefühl

dige Hoftie". War das Allerheiligfte auf den Altar geftellt, fo
ftimmten zwei Vikare mit dem Chore an (immer lateinifch) „Dies
ift der Tag, den der Herr gemacht hat". Sechs Kinder fangen dann
mit „fcharfen" Stimmen dreimal „Heute ift Gott Menfch gewor=
den". Dreimal fang es der Chor „in bogenden Kneen" nach. Wäh=
renddeffen hielt der Kirchherr das Sakrament in den Händen und
wies es dem Volke, „alfo dat fe fpreken mit den twen Jungeren
unfes Herrn: ‚Here blif mit uns'." Während diefes letzten Ge=
fanges läutete der Küfter auf dem Turm die zwei großen Glocken
„dat neyn Tunge fwige, funder alle fchullen ftan in Danknamigkeit
und fpreken dat Lof Godes".

Viel wäre noch zu erzählen, von fchönen Prozeffionen, wobei
Knaben Rofen ftreuten, aber auch vom Ablaßwefen, vom Glauben

an wundertätige Reliquien, so an das Muttergottesbild in Hainholz, an den Leichnam eines der zu Bethlehem ermordeten Kinder bei den Minoriten, weiter auch von traurigen Hexenprozessen.

## Von der Reformation zum Dreißigjährigen Krieg

Um die reine Lehre. Als der Wittenberger Augustinermönch 1517 seine 95 Thesen angeschlagen hatte, nahm man in Hannover noch Ablaß. Der Herzog Erich wie der patrizische und altgläubige Rat verboten, daß die neue Lehre in die Tore dränge. Niemand durfte in der Kirche zu Döhren und anderorten deutsche „Martinesche Lutters Misse und Praedicatien" hören, sei es in Kollationen und Gesellschaften, sei es auf der Straße und vor den Toren, wie die Kinder gern taten. Ausgewiesen wurden Buchhändler, die Luthers Bücher einführten, und 1529 Hans der „Perlensticker", weil er in diesem Jahre nicht zur Ohrenbeichte gekommen war.

Aber was vermochten solche Mittel gegen eine Kraft, die, aus der Tiefe des deutschen Geistes mit Urgewalt hervorgebrochen, überall siegreich und jetzt 1532 durch den Nürnberger Religionsfrieden mehrjährig getragener Fesseln entledigt, mit erneuter Gewalt vordrang?

Am 16. August 1532 flammte auch in Hannover das Feuer auf. An einer nicht religiösen Frage entzündete es sich: um das Befestigungsvorgelände freizumachen, wollte der Rat die Liebfrauenkapelle vor dem Ägidientor niederlegen. In getrennter Verhandlung bearbeitete er die verschiedenen Schichten der Bevölkerung. Die Zünfte zu gewinnen, gelang ihm. Da sperrte sich die „Meinheit", d. i. wohl die Gesamtheit aller nicht im Rate, der Kaufmannsinnung und den Handwerkerzünften Vereinigten, vorwiegend der Armen und des Proletariats der Gesellen, die jetzt nicht mehr alle Meister werden konnten. Die Meinheit verlangte Berufung der ganzen Stadt. Der Rat gab nach, versprach es und –

brach sein Versprechen. Er hatte wohl gewußt, warum er alle die acht Jahre hindurch eine Zusammenkunft aller Einwohner mit jedem Mittel verhindert hatte. Sein Wortbruch rächte sich bitter.

Die Meinheit schuf sich, wie das bei Umwälzungen zu geschehen pflegt, eine Vertretung, die „Vierundzwanzig". Diese stellten Artikel auf: sie verlangten die Predigt des reinen Gotteswortes, die Bestellung gelehrter Prediger an Stelle der ungelehrten und die Freigabe deutscher „Leisen", d. i. Lieder.

Der Rat bat um Bedenkzeit — für mehrere Tage. Die Bürger riefen „Nein, nein!" Sie wollten ein Ende der Sache haben, sie wollten in der deutschen Bibel lesen und die Psalmen singen dürfen. Nun ließ der Rat durch den Stadtschreiber Finning bekanntgeben, er wolle weder Heißer noch Verbieter sein, wenn die Bürger auf der Straße oder in den Häusern deutsch sängen.

Er benachrichtigte aber den Herzog Erich. Dieser kam in die Neustadt, erbat — kläglich für einen Landesherrn — und erhielt freies Geleite, in die Stadt zu reiten, und erschien am 24. August auf dem Rathause. Vom Fenster der Rathauskapelle sprach er zugleich zu den im Tanzhause des Rathauses und auf dem Marktplatze versammelten Bürgern. Später ließ er durch Finning die Zünfte wissen, er wolle von der Stadt nur die Erklärung, daß er dieses Handels weder Heißer noch Verbieter gewesen sei. Erst schien die Masse einverstanden. Da entstand plötzlich eine große Angst. Man stürzte in den Saal, und lange dauerte es, bis der Tumult gestillt war. Das Volk gab dem Herzog die erbetene Erklärung, aber erst, nachdem ihm Prädikanten, deutsche Psalmen auf der Straße und in den Häusern und die deutsche Bibel bewilligt worden waren. Die Bürger gelobten, noch „eine Zeitlang" die alten Zeremonien, besonders die Fasten in Geltung zu lassen. Der erste Prediger Scharnekau oder Scarabaeus traf ein.

Die hochfürstliche Geldklemme führte, wie schon so oft, den Handel weiter. Herzog Erich bat um 1000 Gulden Darlehen. Das beantworteten die Bürger mit der Forderung, Prediger an allen Kirchen anzustellen, die eingezogenen Bücher und Güter herauszugeben, den Mönchen Schweigen zu gebieten, Unzucht zu bestrafen und die Geistlichen zu Steuern heranzuziehen. Wieder gab der

Rat nach. In etwas mehr als vier Wochen seit dem Streit um die Liebfrauenkapelle war das alles erreicht.

Inzwischen schrieb man längst das Jahr 1533. Der Prediger Scharnekau trieb vorwärts! Er forderte: Kelch auch für den Laien beim Abendmahl, deutsche Taufe, Priesterehe.

Der Worthalter der Bürgerschaft, Dietrich Arensborch, sprach zu den Bürgern: „All derjene, der nun fortan denkt und will ein evangelisch Bruder sein, und einer den andern als treue Bürger lieben und bei dem Evangelio Jesu Christi will beständig bleiben und da Leib und Gut dran setzen und nun im Namen Gottes fortfahren, daß der von sich gebe ein sichtlich Zeichen und aufhebe eine Hand in die Höhe!"

Da flogen alle Hände empor! Die Einigkeit war wiederhergestellt.

Noch vier Wochen Frist gewährten die erbitterten Bürger dem Rate. Dann wollte Scharnekau jedem, der es begehrte, das Abendmahl unter beiderlei Gestalt geben.

Mittwoch nach Mariä Himmelfahrt stieg man aufs Rathaus. Da gaben alle auf Arensborchs Anregung einander unter Handschlag das Versprechen, wenn auch Herrn und Fürsten sich wider das Evangelium legten, so wollten sie doch bei der erkannten Wahrheit leben und sterben. Zweiundsiebzig Mann, die man spottweise „die Jünger" oder „die Gartenbrüder" nannte, wollten nicht schwören. Da beschlossen die andern, wer das Gelübde nicht ablege, sollte die Stadt verlassen müssen. Das war der Entschluß zur Reformation.

Die „Gartenbrüder" gaben nach. Der Rat aber wich aus der Stadt.

Ohne Obrigkeit war sie nun. Aus dem Schatten trat jetzt, wie so oft — wir denken an die gleichzeitigen Unruhen in Münster —, das radikale, das kommunistische Element, dem „Gottes Wort seiner Bosheit Schanddeckel sein mußte".

Es gelang, die furchtbare Gefahr zu bannen. Nach der neuen Verfassung bildeten den Rat zwei Mann aus dem „Kopmann", vier aus den großen, zwei aus den kleinen Ämtern und vier aus der Meinheit. Nur solche waren wählbar, die das Wort Gottes und sein heiliges Evangelium zu ehren und dabei zu verharren versprachen. Der Sieg des Evangeliums war zugleich ein Sieg der Zünfte.

Und doch gilt das nicht ohne Einschränkung: Der zum Bürgermeister gekorene Anton von Berkhusen bot 500 Goldgulden und bat weinenden Auges, ihn nicht mit der schweren Bürde des Amtes zu beladen, da er zu jung, wegen seiner Verwandtschaft mit den alten Ratsherrn in der Meinheit untragbar und vor allem, ohne Kenntnis des Rechtes, nicht imstande sei, mit lauter unerfahrenen Ratsherren die Geschäfte zu führen.

Er mußte trotz allem annehmen. Ein ganzer Mann war nötig. Und Berkhusen war ein solcher. Die alten Ratsherren kehrten als Privatleute wieder. Herzog Erich wurde durch viertausend Gulden versöhnt. Und im Innern wurden Zucht und Ordnung wieder hergestellt. Während des Interims und des Schmalkaldischen Krieges hielt die Stadt tapfer zum neuen Glauben, bis der Augsburger Religionsfrieden 1555 die endgültige Sicherung der Reformation brachte.

Stille Zeit. Eine lange Friedenszeit folgte. Aber Frieden bedeutet nicht immer Aufstieg. Noch herrschte Wohlstand. Schöne und stolze Bauten wurden aufgeführt. Aber die großen Tage der Städte waren vorüber, wie auch der Rückgang der Hansa zeigt.

Amerika war entdeckt und aus der neuen Welt kam Reichtum an die Staaten des Westens, nach Spanien und Portugal, Deutschland mußte zurücktreten.

Immer mehr verlangsamte sich der Schritt der Wirtschaft. Zwar trat als Ersatz für den Rückgang der Leineschiffahrt und des Kornhandels nach Bremen eine lebhafte Ausfuhr von Wolle aus Hildesheim, Braunschweig und Hannover nach Köln und Flandern ein. Auch flößte man seit 1592 Tannenholz nach Hannover. Von dem Aufschwung der „Braunahrung" nach der Erfindung des Broyhans hörten wir schon. Aber der Wettbewerb des

Dorfbraues, des Weines und des Branntweins wirkten hemmend. Trotz der straffen Aufsicht der Brauergilde gingen Umfang und Güte des Brauwesens zurück.

Stillstand und Rückgang auch auf dem Gebiete der Stadtfinanzen! Eine Anleihe folgte der andern. Erhöhte Sparsamkeit sollte die Mittel schaffen, die Wehr der Stadt zu erhalten: Gegen die neuen Pulverwaffen hatte man um den Ring der Befestigung aus Mauern und Türmen einen zweiten aus Wall, Zwinger und Bastionen errichten müssen. Bei sich selbst begannen die Ratsherren mit dem Beispiel der Sparsamkeit, sie schafften die bei der Ratsumsetzung übliche Gasterei ab. Die Bürger folgten ohne Murren, während es 1602 in Braunschweig zu blutigem Umsturz kam. „In dieser unter niedersächsischen Städten einzig dastehenden Einigkeit aller Bevölkerungsklassen Hannovers liegt der Lichtblick einer Periode, die schon so manche Beeinträchtigung der alten städtischen Unabhängigkeit aufweist."

Tilly und die Dänen. Zum Absturz wurde der Abstieg im Dreißigjährigen Kriege. Flüchtlinge fluteten 1623 um die Stadt, flüchtig vor dem bei Stadtlohn geschlagenen Herzog Christian von Braunschweig, Administrator von Halberstadt. 1624 bis 1626 wütete die Pest, so verheerend wie selten. Da erschien 1625 Tilly im Lande und belagerte den Calenberg. Als dieser eingenommen war, nahmen die besorgten Stadtväter eine kleine dänische Besatzung auf. In diesen Tagen war es, als der dänische General Michael von Obentraut, im Volksmund „der deutsche Michel", beim nächtlichen Heimreiten von Hannover in sein Quartier bei Seelze mit den Seinen von Tilly überfallen und getötet wurde. Seine Leiche wurde in Hannover in der Marktkirche beigesetzt. Die Denkmalspyramide bei Seelze kündet von seinem Heldentode. Tilly lagerte auf dem Lindener Berge. Er forderte Öffnung der Tore. Die Bürger zeigten mehr realpolitischen Sinn als der Rat, der arglos wähnte, der Kaiser werde eine Stadt schonen, wenn sie sich loyal verhalte, falls es einmal mit dem Zwange zum Katholizismus ernst wurde. Tillys Forderung wurde abgelehnt. Am Ende

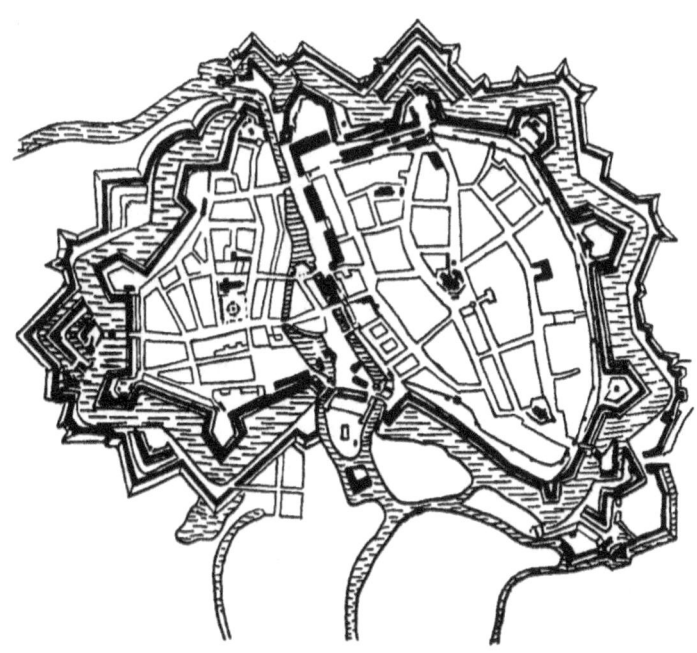

Plan von Hannover um 1750. Wehrwille der Bürger umgab die Stadt mit starken Festungsanlagen. Zu den täglichen Pflichten in der Werkstatt und im Kaufhaus kam die Wehrpflicht. Sie schützte den Gewerbefleiß der Bürger, die Erzeugnisse ihres Kunstgewerbes und ihrer Baukunst

zog er weg. Kein Feind hat während der dreißig Jahre die Stadt betreten. Aber Pest, Not, Armut und Stillstand der Wirtschaft trafen sie hart genug.

Die Häuser der Altstadt erzählen. Wer an dem prunkvollen Leibnizhause in der Schmiedestraße liest, daß es 1652, also kurz nach dem traurigen Westfälischen Frieden, erbaut ist, der mag sich wundern, wie das möglich war. Ja, Hannover ist glücklicher durch den Krieg gekommen als andere Städte –, und zudem soll es auch damals schon Kriegsgewinnler gegeben haben. Immer aber bedeutet das Leibnizhaus mit seinen Altersgenossen eine Wende in der Baugeschichte Hannovers.

Wer sich um den Ausgang des Mittelalters der Stadt näherte, der sah ihr Bild — nach dem Abbruch von Lauenrode — beherrscht einmal durch den Mauerring mit der großen Zahl der Türme und den drei stattlichen Toren, dem Ägidien=, dem Stein= und dem Leintor, sodann in zweiter Höhe durch das mächtige Dach der Marktkirche und in dritter durch die ragenden Kirchtürme. Im Innern waren die Schweineköben auf den Straßen verschwunden, aber nur der Niege Steinweg, die Knochenhauerstraße, waren gepflastert. Das Fachwerkhaus herrschte vor. Neben dem größeren Hause des brauberechtigten Vollbürgers stand oft die Boda (= Bude) des nichtbrauberechtigten Einwohners. Locker war die Bauweise des Stadtplans, Gärten lagen hinter den Häusern, wie in Rothenburg o. d. T. Die schattenden Hinterhäuser sind erst ein Ergebnis späterer Zeiten der Wohnungsnot. Was dem Straßenbilde unsrer Stadt die besondere Note gab, das war neben den drei gotischen Stadtkirchen aus dem 14. Jahrhundert eine Reihe von Steinhäusern, die in rotpurpurnem Backstein errichtet und mit bunten Glasuren geschmückt, mit ihren Treppengiebeln in das Blau des Himmels hineinschnitten. Leichte, über Eck gestellte Türmchen hoben sich an der Außenkante der Giebelstufen über diese hinaus. Die Harmonie der Umrisse und des Ganzen, wie auch die Grazie der Einzelheiten geben dieser hannoverschen Backsteingotik ihren eigenen Reiz. Das wird man besonders stark empfinden, betrachtet man etwa von der Dammstraße aus den Rathausgiebel, wenn nach einem luft= und formenreinigenden Gewitterregen die Sonne das Gebäude bestrahlt, die Schatten vertieft, alle Glasuren leuchten und alle Farben flammen läßt. Schade nur, daß von dem allem so wenig auf uns gekommen ist; aus dem eigentlichen Mittelalter sind es nur das Rathaus und das Haus Knochenhauerstraße 28.

Aus den Jahren der Einführung der Reformation, um 1533, haben wir ein paar schöne Beispiele vom Ausklang der Gotik in der Fachwerkarchitektur, so das Haus an der Ecke der Knochen=

Es gibt Gäßchen mit verträumten Winkeln, aus denen die Seelenruhe verrauschter Tage spricht
Blick in den Potthof

hauerstraße und des Goldenen Winkels. Holzgeschnitzte Stachel- oder Drachenfriese, polsterartige Konsolen unter den Balkenköpfen, niederdeutsche Sprüche, wohl schon aus der Bugenhagenbibel, in gotischer Kleinschrift, der Vorgängerin unserer deutschen Druckschrift, geben diesem Typ das Gepräge.

Zwei Jahrzehnte später, und wir haben das Eindringen der südländischen Elemente der Renaissance. Der Fachwerkbau schmückt sich jetzt mit Spiralkonsolen, hie und da wird die waagerechte Linie betont, lateinische Sprüche in Lateinschrift werden angebracht, Halbsonnen- oder Fächerfriese haben den Drachenfries verdrängt (Marktstraße 15).

Lebhafter als der Holzbau spricht die Steinarchitektur in der neuen Formensprache. Das älteste Haus aus diesem Kreise haben wir in dem Gebäude der Hahnschen Hofbuchhandlung in der Leinstraße, dem Schlosse gegenüber. Schöne Erker, Dreiviertelsäulen mit dorischen, ionischen und korinthischen Kapitälen, waagerechte Teilung der Stockwerke, rechtwinklige Fenster, in feiner Harmonie zu zweien und dreien gruppiert, das sind die Elemente der Renaissance. Und doch, im Kern des Baugedankens sind diese Bauten deutsch, mittelalterlich, gotisch. Senkrecht streben sie empor, ein riesiges, steiles Satteldach deckt sie, ein Treppengiebel umrahmt die oberen Stockwerke. Nur auf die Giebelstufen hat man Voluten (= Schneckengewinde) oder Obelisken gestellt, und die oberste Stufe

Altes Wirtshauszeichen

über dem Dachfirst schließt wohl ein kleiner, flacher griechischer Tempelgiebel. Sieht man genauer hin, so wandeln sich die Formen vom Hause Hahn bis zum Leibnizhause. Die Voluten sind an ihm nicht mehr dem Kreise ähnlich, sondern der Eiform, sie scheinen nicht mehr zu schwingen, sondern zu spielen. Der Baumeister schien nicht mehr mit dem Zirkel und dem Lineal, sondern mit dem Pinsel zu entwerfen, nicht zu konstruieren, sondern zu modellieren. Mit dem Leibnizhause, der Duveschen Grabkapelle und dem schlanken emporstrebenden Turme der Kreuzkirche und ihren Geistesverwandten schwingt die Bewegung, die mit dem Hause Hahn begonnen hatte, aus – oder sie bricht ab. Ein neuer Tag für die Kunst wie für die Politik hatte angehoben.

## Hannovers Aufstieg

Eine neue Zeit beginnt für die Stadt: sie wird Residenz. Die Erstürmung der Veste Calenberg durch Tilly zeigte, daß Residenzen solcher Art dem Landesherrn keine Sicherheit mehr boten. Sie hinter den Wällen seiner Stadt Hannover zu suchen, war der Entschluß Herzog Georgs von Calenberg, des Siegers von Hessisch-Oldendorf und des Stifters des stehenden Heeres in seinem Staate.

Die Stadtväter wehrten sich verzweifelt. Sie fürchteten mit Recht, daß der neue Glanz, den ihr Gemeinwesen als fürstliche Residenz erhalten werde, den Schimmer des altfreien Bürgertums verdunkeln würde. Aber aller Widerspruch war vergebens.

Im Residenzvertrage vom 18. Februar 1636, der die Beziehungen des Hofes zur Stadt regelte, bestätigte Georg die alten Privilegien der Stadt, insbesondere die Rechtsprechung in bürgerlichen und peinlichen Sachen und das Steuerrecht. Er befreite aber seine Diener sogleich von der städtischen Gerichtsbarkeit und Besteuerung und lehnte zum Kummer des Rates dessen Ansinnen ab, die in die Stadt einziehenden Beamten auf eine bestimmte Zahl zu begrenzen.

1640 schon konnte der Herzog in dem Schlosse absteigen, das auf dem Grundstück der ehemaligen Minoriten rasch entstand. Neben dem Beguinenturm wurde gleichzeitig das massige herzogliche Zeughaus errichtet.

Den Hauptnutzen von der Residenzwerdung hatte aber nicht die Alt-, sondern die Neustadt jenseits der Leine. Nach der Zerstörung von Lauenrode (1371) hatte sich hier eine Siedlung erhalten, völlig unabhängig von der Altstadt. Ihr erster Fortschritt war, daß sie von der Landesherrschaft mit in die Befestigung einbezogen wurde. Johann Duve, ein Seidenkrämer, ein Unternehmer von Gemeinsinn, erbaute dort in Zeiten der Wohnungsnot nach dem Dreißigjährigen Kriege auf eignem Grund und Boden vierzig Häuser und schuf so die Rote Reihe und die beiden Duvenstraßen. Ein 1652 unternommener Versuch, die Alt- und die Neustadt zu vereinen, scheiterte. So lieh das Fürstentum der Neustadt seine besondere Gunst. Sie erhielt die Rechte der Kleinen Städte (1710) und der Landschaft (1714), freilich unter einem landesherrlichen Schulzen an der Spitze ihres Rates.

In der Neustadt wurden im Laufe der nächsten Jahrzehnte die wichtigsten Gebäude errichtet, das Archiv und die Bibliothek mit dem schönen Wappen, das Regierungsgebäude und der Fürstenhof mit der Post, die St. Johannis-, Hof- oder Stadtkirche, heute Neustädter Kirche genannt, welche die Gebeine Leibnizens birgt, die katholische St. Benno-Propsteikirche und eine reformierte Kirche

Hannover im 17. Jahrhundert, von Nordosten gesehen, links das Ägidientor, rechts das Steintor

für die Calvinisten aus der Umgebung der Kurfürstin Sophie, einer Tochter des Winterkönigs, des Pfälzers, und für die hugenottischen Flüchtlinge, in der auch französisch gepredigt wurde.

Unter absolutem Regimente. Mußte die Altstadt erkennen, daß ein gut Teil des wirtschaftlichen Segens der Residenz in die Neustadt floß, so ließ der Herzog keinen Zweifel darüber, daß er nicht in die Stadt gezogen sei, um mit dieser sein Recht zu teilen. Herzog Johann Friedrich von Calenberg bestätigte seinen Ständen 1670 ihre Privilegien nur noch, „soweit dieselben jetziger und zukünftiger Zeit zu praktizieren". Das war eine sehr dehnbare Bestimmung. 1674 nahm er ihnen gar das Recht, sich auf ihren eignen Entschluß hin zu versammeln. Er fühlte sich „als Kaiser in seinem Lande", wie er selbst sagte.

Das alles spürte Hannover sehr. Die Stadt prägte seit 1679 keine Münzen mehr und schaffte die Stadtsoldaten ab. 1680 legte ihr der Herzog gar eine Verbrauchssteuer auf. Das war unerhört und eine tiefe Bresche in ihren finanziellen Eigenrechten.

Eine von Georg Ludwig wider alles Herkommen angeordnete Prüfung sollte ergeben haben, daß die Ratsherrn bedenkliche Nebeneinnahmen hätten, „die Stadtsachen in Konfusion, sonderlich die Ökonomie übel beschaffen, die Register gar nicht oder unrichtig geführt, die Hölzungen (Eilenriede) vor dem Ruin schwerlich zu retten waren", ja, daß ein Senator sich des Betruges schuldig gemacht habe. Da setzte der Kurfürst 1699 kurzerhand die Ratsherrn ab und gebot, daß die erste Jahresrechnung von den kurfürstlichen „Geheimde Räten" nachgeprüft werde, er drohte, „daß die Eigennützigen und Nachlässigen unsres Ernstes einsehen und Strafe gewärtigen". Das war die Vernichtung der jahrhundertealten Freiheit und Finanzhoheit der Stadt. Es konnte aber auch der Anstoß zu innerer Gesundung werden.

Nach dem neuen Reglement kam die Verwaltung der Stadt in die Hände des Magistrats, des „Stadtregimentes". Die Bürgerschaft wurde fast ganz ausgeschaltet. Dieser gegenüber war das Stadtregiment um so mächtiger, als es neben der Finanzverwaltung die Rechtsprechung ausübte, sich selbst ergänzte und lebenslänglich tätig war, „nicht mehr als Vertreter der Bürgerschaft, sondern kraft seiner Amtsbefugnis als Obrigkeit über Untertanen".

Dabei zeigte sich der Landesherr durchaus als „Oberbehörde" der Stadt. Er griff mit vielen Reglements über Straßenreinigung, Brauwesen, Armenpflege u. a. tief in die innere Stadtverwaltung ein. Ohne seine Bestätigung durften städtische Reglements nicht mehr erlassen werden. Und doch überspannte der landesfürstliche Absolutismus, wie man solche Selbstherrlichkeit nennt, den Bogen nicht. Hannover ist unter einem gemäßigten Absolutismus nicht schlecht gefahren und immerhin im Besitze gewisser Freiheiten geblieben.

Klarheit, Ordnung, rasches Ansteigen der Einnahmen, Aufhören der Schuldenwirtschaft, Überschüsse, ja Herabsetzung des Steuerfußes, das waren immerhin im ganzen die segensreichen Wirkungen dieser Reform und des Eingriffs eines absoluten Monarchen.


Herrenhausen und sein Geist. Selbstherrlich war die Politik der Fürsten. Stolzer Ausdruck dieser Selbstherrlichkeit waren ihre Bauten. Die vorhergehende Generation der Regenten hatte ihre staatsmännische Bildung deutschen Universitäten verdankt, die jetzige suchte sie auf der „Kavalierstour" bei fremden Fürstenhöfen, besonders im Glanz von Paris. Pulsendes Leben, Schönheit und Eleganz, aber auch die artfremde, neuartige Kunst, die Aalglätte

Jobst Sackmann, Prediger in Limmer, der noch heute in vielen Geschichten aus dem vergangenen Hannover lebt

der Diplomatie, dazu Leichtigkeit und Leichtfertigkeit der Lebensführung und ungewöhnlichen Luxus lernten sie dort kennen und nachahmen. Kleine Sonnenkönige wollten sie alle sein.

Johann Friedrich (1665—1679) wurde auf solcher Kavalierstour in Venedig katholisch. Die Schloßkirche gab er dem katholischen Gottesdienste zurück. Jobst Sackmann, der auf uns komisch wirkende, aber im Grunde gemütsernste plattdeutsche Prediger zu Limmer, hat noch in seiner Jugend den italienischen Sängerchor, der jetzt zur Schloßkirche gehörte, „quinquilieren" hören.

Bezeichnend für das Zeitalter ist die pomphafte Trauerparade für Herzog Johann Friedrich. Diesem Schauspiele fehlte vom „sächsischen Königsbanner", Rittern in schwarzem Harnisch, und dem weißen Rosse Widukinds, bis zur épée de la souveraineté, dem Schwerte der Landesherrlichkeit, nichts, um einen Großen der Weltgeschichte in ein Pantheon zu geleiten, nichts — als die weltgeschichtliche Größe des Toten. Aber Leibniz hat es beschrieben und nahm keinen Anstoß daran.

Johann Friedrichs Nachfolger, Ernst August (1679—1698), und mehr noch seine Gattin Sophie schufen nun die Stätte, die für Hannover erst der ganze Ausdruck jenes Zeitalters ist und die wir heute nach dem Erwerb und der völligen Wiederherstellung durch die Stadt als ein zu neuem Glanze gebrachtes Juwel unsrer Heimat lieben: Herrenhausen.

Nach dem Bau des Leineschlosses, dessen Rittersaal, noch heute erhalten, vom Geiste jener Barockzeit erzählt, legte Johann Friedrich zu Hogeringehusen einen Küchengarten mit einem Lusthause an. Das war der Anfang, den die nachfolgenden Generationen immer mehr ausbauten. Dem 1665 angelegten Lusthause folgten 1688 das Gartentheater, das jetzt wieder zu Aufführungen benutzt wird, 1692 die Orangerie, 1698 wurde der Große Garten um das Fünffache erweitert und dem Schlosse seine endgültige Gestalt gegeben. Und 1724 entstand die Herrenhäuser Allee.

Mit dem Leibnizhause und seinen Altersgenossen ging ein kunstgeschichtliches Zeitalter zu Ende, das trotz antiker Formen durchaus deutschem Geiste entsprang. Waren Deutsche noch ihre Schöpfer, so wirkte von nun an auf lange hin an leitender Stelle kein deutscher Meister mit an dem, was entstand, sondern nur Italiener, Franzosen, Holländer.

Herrenhausen liegt in breiter Ebene, die Raum bietet für den damals so beliebten Blick in „unendliche" Gärten, auf Teiche, Wasserspiele und das breite „Blumenparterre". Die Flanken des Schlosses rahmen hufeisenförmig einen Ehrenhof ein. Dieser öffnet sich über das Blumenparterre in die künstlerisch vorgetäuschte „Unendlichkeit". Die steinerne Architektur des Schlosses setzt sich fort in der grünen des Gartens, die Mauern in den geschorenen hohen Laubwänden. Die Flankenbauten des Schlosses „verklammern" sich auf der einen Seite mit den Bäumen und Hecken des Gartentheaters, auf der andern mit Waldstücken, die zusammen die große, weite Gartenebene einrahmen und den Blick hinausleiten in die Ferne.

Fontänen, Statuen, Blumen, belebende Wasserwerke, Orangerie, Melonerie, Falkenzwinger, italienische Nächte und Schäferspiele auf dem Gartentheater gaben dem Ganzen erst den Festesglanz und steigerten das Rauschende, Glitzernde, Fremdartige des Barocks. Hier suchte der Herrscher seine Erholung. Der feierliche, prunkvolle

Rahmen dieser Schloßanlagen verstärkte und hob den gleißenden Schein der Fürstenmacht.

Den politischen Mittelpunkt dieses Herrenhäuser Hofes bildete Herzog Ernst August. Ehrgeizig und zielstrebig, ein Menschenkenner und Soldat, hat er die Bedeutung Hannovers erheblich gemehrt. Zum Ausdruck dessen erwarb er sich in zäher Politik den Kurhut. Gesellschaftlich und geistig aber führte den Hof Ernst Augusts Gattin Sophie. Vornehm und geistreich war sie, als Kind der Pfalz von lebensfroher Art. Das Blut der Stuart wirkte sich in ihr aus in der Freude an höfischer Schönheit. „Eene kloke Fru", sagte Zar Peter und ein Franzose meinte: „Ich wage zu behaupten, daß Frankreich durchaus nichts Schöneres an Geist hat, als die Frau Herzogin von Hannover."

Im Unterschiede von ihren Zeitgenossen und trotz dem fremdartigen Stile ihres Hofes war Sophie gut deutsch in ihrem Herzen. Im dritten Raubkriege Ludwigs XIV. schrieb sie: „Man muß hoffen, daß die braven Nachkommen des Arminius, wie mein verstorbener Bruder die Braunschweiger nannte, dazu helfen werden, die germanische Freiheit unter dem Kaiser aufrechtzuerhalten." „Ich glaube, wenn der König von Frankreich sich mit den Fingern schneuzte, würden es alle deutschen Fürsten ebenso machen, um ‚à la mode' zu sein." Und Leibniz klagte über die Verwelschung der deutschen Sprache: „Ich muß bekennen, es sey leider dahin gekommen, daß man vielleicht, seit Teutschland stehe, nie darinn unteutscher und ungereimter geredet."

Daß Sophie und ihre Tochter Sophie Charlotte, die erste preußische Königin, diesen Mann verstanden und verehrt haben, das war ihre und ihres Hofes größte Ruhmestat. Kaum eines der großen Werke dieses letzten Universalgenies ist entstanden, ohne daß die fürstlichen Frauen den lebhaftesten Anteil daran genommen hätten. Fast täglich sah ihn die Orangerie in Herrenhausen. War er abwesend, so wurden die tiefsten Fragen der Weltweisheit, der Geschichte, der Naturwissenschaft, der Literatur und der Politik brieflich zwischen den dreien erörtert. Für Niedersachsen war Leibniz von besonderer Bedeutung als erster kritischer Erforscher der Landesgeschichte, als erster Geologe unsres Gebietes und als erster

Erforscher der niederdeutschen Mundart, und das alles neben seiner gewaltigen philosophischen Arbeit.

„Für Sophie wurde die beste Musik gemacht, die man damals in Deutschland hören konnte." 1710 schrieb sie selbst: „Meine Tochter ergötzt sich an der Musik eines Sachsen, die alles übertrifft, was ich auf dem Klavier und in der Komposition gehört habe." Und dieser Sachse war der große Händel, der eine Zeitlang hier Hofkapellmeister war. Ein besonderer Stolz des Hofes war das Opernhaus, neben dem Leineschloß im Halbzirkel erbaut, mit Platz für dreizehnhundert Menschen, das „Goldene Haus", „eine Rarität ... das beste von ganz Deutschland". An festlichen Tagen hingen über die weißen Bogenbrüstungen rotsamtene Teppiche. Der Schein von Tausenden von Kerzen spiegelte und brach sich in den Brillanten der vielen vom Hochadel, die in Hannover als Gäste ein und aus gingen. „Der Hof ist durchgehends sehr polit und wird", so schrieb ein Zeitgenosse, „in Teutschland wegen seiner Civilität und übrigen Wohlstandes in allen Dingen vor den besten gehalten."

Im ganzen aber gilt: „Von Herrenhausen hat eine Kultur der Musenhöfe ihren Ausgang genommen und bei den Nachkommen Sophiens sich fortgepflanzt. Charlottenburg, Monbijou, Sanssouci und das Weimar Anna Amalias sind Glieder einer Kette, die in Herrenhausen beginnt und der das deutsche Geistesleben seine feinsten Erinnerungen verdankt." (v. Alvensleben.)

Sophiens Wunsch, als Königin von England zu sterben, wurde nicht erfüllt. Kurz nach ihrem Tode bestieg ihr Sohn als Georg I. den Thron der Tudors und Stuarts. Der Hof verließ Hannover.

Zur stillen Hauptstadt einer Art Adelsrepublik wurde jetzt Hannover. Hoffeste sah Herrenhausen gleichwohl noch. Der Adel schritt in feierlicher Cour im Zuge durch die Säle und verbeugte sich vor — dem leeren Thron, so erzählt man wenigstens.


Ägidienneustadt entsteht. Ein Jahrhundert der ernsten Arbeit in großer Stille folgte, unterbrochen nur von zwei schweren Jahren französischer Besetzung im Siebenjährigen Kriege. Die erste Erweiterung der Altstadt seit dem Mittelalter schuf der knorrige Bürgermeister Grupen, indem er zwischen der innern und der äußern Wallbefestigung vor dem Ägidientor die Ägidienneustadt anlegte. In einem der für diese, in Zeiten der Armut entstandene Siedlung bezeichnenden Häuser auf der Großen Ägidienstraße wohnte nachmals Charlotte Kestner, Werthers Lotte, die im Gartenfriedhof begraben liegt. Der Ausgang des 18. Jahrhunderts brachte endlich die Niederlegung der Wälle und damit Luft in die Altstadt und Raum für große Stadtplanungen.

Musenstadt. Auch ohne Anwesenheit des Landesherrn erhielt sich in der Stadt die Blüte des Geisteslebens. Vom Spielplan des Theaters verschwanden die Franzosen. Die Hamburger Truppe Ackermanns mit Schröder und Dorothea Ackermann spielte den „Julius von Tarent" des Stadthannoveraners Anton von Leisewitz, der Schillers Don Carlos beeinflußt hat, und Shakespeare. Der Hainbunddichter Boie schrieb 1777: „Hamlet hat gefallen von der obersten Galerie bis zur Dame von sechzehn Ahnen, deren Herz wenig Sprungfedern mehr hat." Von der hannoverschen Schulkomödie aus nahm Iffland – bei Nacht und Nebel über die Stadtmauer – seinen Weg in die Welt auf den Brettern. Auch abseits des Theaters blühte geistiges Leben, zumal im Jahrzehnt von 1770 bis 1780. Drei Dichter des Hainbundes, Boie, Leisewitz und Hölty, der geistreiche, aber schwierige Arzt Zimmermann, sein Gegner, der weltberühmte Freiherr Adolf Knigge, die beiden Brandes, Rehberg, der Jugendfreund des Freiherrn vom Stein, lebten zeitweise hier. Auch soll nicht vergessen werden, daß in unsrer Vaterstadt Herschel, der Astronom, die Gebrüder Schlegel und Eckermanns Lehrer, der Maler Ramberg, geboren sind.

# Hannover wird Großstadt

Im neunzehnten Jahrhundert. Der Einzug des neuen Jahrhunderts geschah unter dem Zeichen der französischen Revolution und ihres Sohnes und Überwinders Napoleon Bonaparte. Wie Hannover durch seine Personalunion mit England in die Wirren dieser Zeit hineingezerrt wurde, wie es gleich anderen zu leiden hatte, wie seine Söhne heimlich in „des Königs deutsche Legion" eilten, auf der Peninsula in Spanien darbten und kämpften und endlich bei Quatrebras und Waterloo glorreich siegten, das steht im wesentlichen auf den Blättern der Landes- und Reichs-, ja der Weltgeschichte.

Nach den Jahren der Fremdherrschaft begann zunächst eine Zeit der Erholung, dann des Erblühens für unsre Stadt. Dem Charakter der Zeit entsprechend wandte man sich zuerst Fragen der Verfassung zu. 1824 wurde zu Carlton-House die „Verfassungsurkunde für die Kgl. Residenzstadt Hannover" unterzeichnet. Da wurde vor allem die Neustadt mit der Altstadt vereinigt. Ein Stadtdirektor trat an die Spitze der Verwaltung, neben ihn der Stadtgerichtsdirektor. Justiz und Verwaltung wurden getrennt, die erstgenannte aber blieb der Stadt erhalten. Neben dem Magistrat stand ein Bürgervorsteherkollegium, gewählt nicht mehr von den Zünften, sondern aus sechzehn Bezirken. Im Unterschiede von der Steinschen Städteordnung wurde das Bürgervorsteherkollegium dem Magistrat nicht über-, sondern beigeordnet. Hatte Stein den Städten eine fast zu weitgehende Autonomie gewährt, so nahm die hannoversche Regierung eine staatliche Aufsicht über die Stadt in Anspruch, die unter Umständen lähmend wirken konnte. Doch werden wir sehen, daß sich die Stadt aufwärts entwickelte.

Wichtiger als Verfassungen sind für ein Gemeinwesen die Kräfte, die in ihm selber bereit sind. Und diese waren in Hannover gesund. Der volkstümliche Herzog Adolf von Cambridge lebte in Hannover, von 1816 an als Gouverneur, seit 1831 als Vizekönig. Das brachte wieder ein wenn auch bescheidenes Hofleben. Die Einwohnerzahl stieg. Die Bautätigkeit steigerte sich.

Laves, ein bedeutender Meister des neuen klassizistischen Stiles, zugleich ein gedankenreicher, weitblickender Städtebauer, hatte die geistige Führung. Bereits zwei Jahre nach dem Friedensschluß ging er an den Umbau des Leineschlosses. 1826 legte er den Waterlooplatz an. Er bildet mit der Waterloosäule als Schlußpunkt der Achse vom Wintergarten des Schlosses, im Kranze der ihn umgürtenden Baumreihen und, flankiert von wuchtigen Gebäuden, ein besonders gutes Beispiel edlen klassizistischen Städtebaus, zumal da das Monument nicht in die Mitte, sondern an das Ende des Platzes gestellt ist.

Industrie. Zugleich brachten uns diese Jahre nicht nur die Gesundung der Wirtschaft alter Form, sondern die ersten Anfänge der Industrie. Bahnbrecher war der Böttchergesell Johann Egestorff. Aus einem Böttcher wurde ein Kalkbrenner. Dann zog er seine Kreise immer weiter. Die Schiffahrt nach Bremen brachte er zu neuem Aufschwung, um seinen Kalk dorthin besser absetzen zu können. Er wurde Bergmann, stellte seine Kalköfen am Lindener Berge auf Kohlenfeuerung um und gewann die Kohle am Bröhm, Süerser Brink und am Deister. Nach der Anlage einer Ziegelei ging er an

(geb. 7. 2. 1802, gest. 27. 5. 1868)

das Wagnis einer Siederei zur Gewinnung von Rohrzucker (1823). Sein Sohn Georg gründete, von dem sonst so unternehmungslustigen Vater belächelt, eine Saline. Als „Egestorffshall" ist sie heute die zweitgrößte Deutschlands. In sechs Bohrtürmen holt sie aus zweihundert Meter Tiefe die Sole. Täglich erzeugt sie 200 000 Kilogramm Salz. Der lästige Zwang, die für seine Saline notwendigen Maschinen in England kaufen zu müssen, erweckte in Georg Egestorff den Entschluß, eine Maschinenfabrik zu gründen. 1835 führte er ihn aus. 1836 wurde der Bau von Dampfmaschinen aufgenommen. „Da Egestorff selbst Besitzer von Kohlengruben war, so können wir schon damals in den drei Etappen Kohle—Gießerei—Maschinenfabrik einen gewissen vertikalen Aufbau seines Unternehmens beobachten, wie wir ihn später bei andern großen Unternehmungen finden." Wie seine Saline, so blüht auch Georg Egestorffs Maschinenfabrik noch heute — als „Hanomag".

Königliche Residenz. Als 1837 die Prinzessin Viktoria den Thron Englands bestieg, da mußte nach den deutschen Gesetzen die Personalunion zwischen dem Inselreiche und dem seit 1814 zum Königreiche erhobenen Lande Hannover getrennt werden. Ernst August, Herzog von Cumberland, wurde der erste König von Hannover nach der Lösung von England. „Ein Pereat der Schlendrianokratie und Hurra dem Fürsten mit eigenem selbständigem Willen, au roi qui règne — mais qui gouverne aussi", d. i. „dem König, der herrscht und auch verwaltet", so begrüßte ihn der Herr von Schele. Sein Land und vor allen andern seine Hauptstadt erwarteten ihn, erfüllt von den größten Hoffnungen. Ihren so glücklich begonnenen Aufstieg sollte er, da sie wieder Residenz wurde, immer weiter führen. Am 1. November 1837, auch eine Jahrhunderterinnerung, hob er mit einem Federstrich das Staatsgrundgesetz von 1833 auf.

„Dem Untertan ziemt es nicht, an die Handlungen des Staatsoberhauptes den Maßstab seiner beschränkten Einsicht anzulegen", so äußerte sich zu diesem Fall ein preußischer Minister. Sieben Göttinger Professoren und die Stadt Hannover legten ihn an. Mutig protestierten sie gegen den Rechtsbruch. Der König machte ihnen den Prozeß. Der Stadtdirektor Rumann, gegen den sich dieser in der Hauptsache richtete, trat lieber von seinem Amte zurück, als daß er zwischen der Stadt und dem König gestanden hätte. Diesen aber ehrt es, „daß er den gegen die Stadtverfassung von 1824 verstoßenden Schritt, den suspendierten Rumann durch einen königlichen Kommissar zu ersetzen, auf die Vorstellung der Bürgerschaft mit den Worten: ‚Die Rechte der Stadt sollen nicht gekränkt werden,' zurückzog und daß er das Ruhegehalt Rumanns auf die königliche Kasse übernahm". So bahnte er doch den Frieden mit der Stadt wieder an.

Laves baut. Die Regierungszeit dieses herrischen Monarchen war für seine Residenzstadt Hannover von großem Segen, insbesondere für ihre bauliche Ausgestaltung. Nach den Plänen von Laves wurde sie verschönert, geöffnet und ausgeweitet. Das Innere des Schlosses wurde prächtig, aber im streng gemessenen Stile des Klassizismus umgebaut, eine festliche Säulenvorhalle wurde ihm vorgebaut und der Friederikenplatz angelegt, genannt nach des Königs Gattin, einer Schwester der Königin Luise. Der Herrenhäuser Garten wurde durch den Georgengarten im englischen freien Parkstil mit der Stadt verbunden. Dann wurde die schwere Aufgabe gelöst, die Stadt in das neue deutsche Eisenbahnnetz einzufügen, ohne doch den Charakter einer schönen Residenz zu gefährden: Die Räume zweier Bastionen der ehemaligen Befestigung wurden in parkähnliche Plätze (jetziger Adolf-Hitler- und Rust-Platz) umgewandelt, die von Gebäuden feiner Linie umgeben und von dem mächtigen, harmonischen Hoftheaterbau, dem jetzigen Opernhause, beherrscht werden. Daran her legte Laves die Georgstraße, die noch heute den Charakter einer Straße der vornehmen Läden, des Verkehrs und der Promenade aufs glücklichste in sich vereinigt. Etwas abseits davon verlief die Eisenbahnstrecke, vor deren Bahnhof der Ernst-August-Platz, einer der schönsten Bahnhofsplätze, angelegt wurde, die wir in Deutschland kennen. Von ihm führten strahlenförmig Alleen an und auf den Theaterplatz und an die Georgstraße. (Längst haben sie ihre Bäume eingebüßt und sind Einbahnstraßen geworden.) Bis auf den heutigen Tag gibt dieser „Ernst-August-Stadtteil" dem Wohnplatz Hannover die vornehme Note. Wie man sagt, habe Laves geplant, jenseits des Bahnhofs einen zweiten Platz anzulegen und ihn mit der Eilenriede durch Baum- und Landhausstraßen zu verbinden. Spießergeist habe es verhindert. Was dort später entstanden ist, ist allerdings kein Muster der Städtebaukunst.

Die Eisenbahn. Nicht ganz leichten Herzens hatte sich Ernst August entschlossen, Eisenbahnen zu erbauen. Als er von ihrem Vorteil überzeugt war, legte er sie zum Nutzen seines Königreiches als Staatsbahnen an. 1843 fuhr der erste Dampfwagen nach Lehrte. 1846 begann Georg Egestorff den Bau von Lokomotiven. Den starken englischen Wettbewerb überwand er durch die Güte seiner Erzeugnisse. „Meine Lokomotivenfabrik", so schrieb er stolz, „war die erste im Vaterland und hat durch ihre vorzüglichen Maschinen endlich die hier verbreitet gewesene Anglomanie gebrochen." 1854 gab es im Landdrosteibezirk Hannover 78 Dampfmaschinen, 59 von ihnen stammten von Egestorff.

Hannover war einst eine Stadt der Bürger, der Land- und der Wasserstraße gewesen, sie wandelte ihren Charakter zum ersten Male, als sie im Barock Residenz wurde, und zum zweiten Male, als sie begann, Industrie- und Eisenbahnstadt zu werden. Als Kreuzungspunkt der Nordsüdbahn Hamburg–Basel mit der Gebirgsrand- und Ostwestbahn Köln–Berlin lag sie zugleich im Schnittpunkte des Verkehrskreuzes New York–Hamburg–Basel–Brindisi–Suez und Paris–Amsterdam–Köln–Berlin–Warschau–Moskau.

Es entspricht dem Geiste der Zeit, daß die Regierung 1831 die Gewerbeschule im heutigen „Hause Continental" zur Polytechnischen Schule ausbaute, aus der sich später die Technische Hochschule entwickelte. Karmarsch war ihr erster Direktor.

1851 verstarb Ernst August. Er ruht mit seiner Gemahlin in dem Juwel von Herrenhausen, dem Mausoleum. Die schönen Sarkophage von Rauch stehen in dem edlen Raume feinsten klassizistischen Gepräges von Laves Hand.

Heinrich Marschner, Komponist, geb. Zittau 16. 8. 1795, gest. Hannover 14. 12. 1861 als Hofkapellmeister

Der letzte König. Ernst August folgte sein Sohn Georg V., ein Mann von stattlicher, durch und durch königlicher Erscheinung, leutselig, begabt und edel. Aber er war blind, von einer ans Mystische streifenden Vorstellung von der Bedeutung des Königstums und ohne ausreichenden Sinn für die Tatsachen.

Der Musik gehörte seine ganze Liebe. In der Orangerie zu Herrenhausen ließ er die besten Kräfte konzertieren, so Stockhausen, den Begründer des deutschen Liedergesanges. Das Theater, dessen Kapellmeister Marschner gewesen war, wurde zu einer Musterbühne für ganz Deutschland. Der nachmals als bahnbrechender Wagnersänger berühmt gewordene Niemann wirkte an ihr, dazu die Schauspieler Karl Devrient und Sonntag, die Schauspielerinnen Niemann-Seebach und Ellmenreich und viele andere namhafte Künstler. „Dazu kam", so schrieb später Karl Sonntag, „ein Publikum, ähnlich dem Wiens, das jeden Liebling empfing, jede Pointe verstand, jede Szene mit Beifall aufnahm, kurz, so südlich lebendig war, daß es mit fortgerissen wurde."

Ein Museumsgebäude, jetzt Künstlerhaus, wurde 1852 geschaffen, dann das Welfenmuseum. Mit dessen Schätzen mittelalterlicher Kunst übertrifft Hannover die meisten Städte Nordwestdeutschlands. Tramm erbaute in fürstlicher Lage am Eingang der Herrenhäuser Allee in neuromantischem Stile das „Welfenschloß", die heutige Technische Hochschule, Hase im neugotischen die Christuskirche.

Im Jahre 1859 wurden zum ersten Male die Grenzsteine der Stadt weit hinausgerückt, als die „Vorstadt Hannover", d. h. die um die Stadt herumliegenden Gartengemeinden eingemeindet wurden. Von 800 auf 2400 Hektar stieg die städtische Bodenfläche, von 33 000 auf 53 000 die Einwohnerzahl. Genug an Raum war vorhanden, eine kluge Stadtplanung zu treffen, hätte man wieder einen Laves gehabt.

Im Jahre 1866 wurde Hannover Hauptstadt der gleichnamigen preußischen Provinz und fand Anschluß an das größere Deutschland.

Im Kaiserreich. Viele Hannoveraner mag damals die bange Sorge beschlichen haben, ob die Stadt nach dem Erlöschen des Hoflebens mit seinen vielfältig anregenden Einflüssen die alte Höhe ihres kulturellen Lebens werde halten können.

Doch wurde der besondere Charakter der Stadt in vielem gewahrt, Militär kam in die Stadt, von der ein Scharnhorst seinen Ausgang genommen hatte. Die Reitschule setzte die Tradition der althannoverschen Reitkunst fort. Heute hat sie als Kavallerieschule Weltruf. Die „Königlichen Schauspiele", das ehemalige Hoftheater, hielten sich in Ehren, ja erlebten unter Hans von Bülow eine neue Blüte. Die beiden Hochschulen, die Technische und die Tierärztliche, hielten ihre Höhenlage.

Der besondere Aufschwung kam indessen von anderer Seite, von der Einigung Deutschlands. Ihr folgte die Industrialisierung des Reiches. Die beiden Linien des Verkehrskreuzes New York—Suez und Paris—Petersburg, dessen Schnittpunkt Hannover bildet, wurden je länger, desto mehr vom Verkehr erfaßt.

Es ist aber eine merkwürdige Erscheinung, daß die Unternehmungen, die in der Stadt selbst oder unmittelbar an ihrem Rande liegen und deren Name jedem einfällt, wenn er an Hannover denkt, nicht eigentlich bodenständige Rohstoffe verwerten. Längst schon arbeitet Egestorffs ehemaliges Werk, die Hanomag, nicht mehr mit Deisterkohle, die „Continental" verarbeitet einen Urstoff von Übersee, die Bahlsensche Keksfabrik, weltbekannt durch den Leibnizkeks und die Tetpackung, könnte sich im Bezug von Mehl und Zucker nicht auf Niedersachsen beschränken. Vielleicht ist bei den

Firmen chemischer Arbeitsweise, so bei den Beindorffschen Pelikan=
werken der Rohstoff noch nicht einmal das Wesentliche.

Die Mehrzahl unserer Werke verdankt ihren Aufstieg nicht dem
glückhaft zufälligen Beieinanderwohnen von Betriebs= und Roh=
stoff, wie etwa der Kohle und des Erzes im Rheinlande, sondern
dem noch viel glückhafteren, dem Beschauer als Geheimnis erschei=
nenden Beieinanderwohnen menschlicher Gaben im Willen und
Verstand, in der Auffassungs= und Vorstellungskraft der Männer,
die solche Werke im kleinen angefaßt und zur Größe geführt
haben. Wie aus einer 1871 für 18000 Taler versteigerten Gummi=
kammfabrik die Weltfirma der „Conti" wurde, das ist mehr Men=
schen= als Rohstofffrage. Die unendliche Fülle und Vielseitigkeit
der Zweige und Zweiglein der heutigen Industrie lehrt beispiel=
haft die Geschichte der „Pelikanwerke". Der klare Vorausblick, die
Raschheit der Einstellung, aber auch der Umstellung, die nötig sind,
um ein solches Werk groß zu machen und zu erhalten, setzt den
Laien immer wieder in Erstaunen. Ist solcher Geist niedersächsisch?
Vielleicht nicht die Raschheit, wohl aber der Tatsachenblick und die
Zähigkeit, und vor allem das, was unsern alten Firmen das Ver=
trauen der Welt erhalten hat, die Vertrauenswürdigkeit der Ware
und des Geschäftsverkehrs.

Was mag sich rascher abbauen, ein **Rohstoffvorkommen**
oder ein Vorkommen an **industriellem Geist**? Vertrauen
wir der Zukunft! Bei der Heeresschau seiner Wirtschaft, die in
einem Jahrhundert entstand und Großhannover schuf, darf Han=
nover stolz sein, die führende Wirtschaftsstadt Niedersachsens
geworden zu sein.

**Weltkrieg und Zusammenbruch.** Im Juni 1914 wurde die
Stadthalle eingeweiht. Es geschah im Rahmen eines Musikfestes
unter Mitwirkung Max Regers und Siegfried Wagners, im Rah=
men einer Sportwoche und im Wettbewerb mit der deutschen
Landwirtschaftsausstellung auf der Großen Bult. Zahllose Ver=
treter der Landwirtschaft aus allen deutschen Gauen waren in der
Stadt. Kaiser Wilhelm II. war Zuschauer beim Reitturnier.

Am 7. August stürmten unter der Führung des Kommandierenden Generals unseres X. Armeekorps, des Generals der Infanterie von Emmich, unsere beiden Infanterieregimenter, die Prinz-Albrecht-Füsiliere Nr. 73 und das Infanterieregiment Nr. 74, mit wenigen andern Regimentern die Festung Lüttich. Wenige Tage später begab sich aus seiner Wohnung am Holzgraben ein „Ruheständler", der nach 1866 hier als Premierleutnant des 3. Garderegiments zu Fuß gestanden hatte, an die Front, der General der Infanterie Paul von Hindenburg.

Was die Söhne unserer Stadt in jenen vier Jahren geleistet und gelitten haben, wie sie kämpften, wie sie gestorben sind, das steht in den Regimentsgeschichten zu lesen. Wie mancher aber ruht als „unbekannter Soldat" oder, wie der Amerikaner so schön sagt, als „der Soldat, den nur Gott kennt!"

In der Morgenfrühe des 7. November 1918 besetzten — unter dem Rechtsgrunde der Maschinengewehre — fremde rote Matrosen die Stadt, ihre militärischen Kommandostellen und das Rathaus.

Im August 1919 kehrte Paul von Hindenburg nach Hannover zurück. Wer es hat mit ansehen müssen, wie der im Felde Unbesiegte durch die Straßen zu seinem Hause an der Seelhorststraße fuhr, durch die Straßen, die nicht abgesperrt werden durften, weil sie nach Auffassung der Regierung auch an diesem nationalen Trauertage „dem Verkehr" gehörten, wer das grambeladene Gesicht des Feldherrn gesehen hat, der wird es nie vergessen.

Das alte Hannover, das Hannover der Bürgergemeinde, war nicht mehr. Es kam die Gemeinde aller Einwohner, damit aber auch das allgemeine Wahlrecht für das Rathaus. Aus städtischen Körperschaften wurde ein Stadtparlament. An die Spitze der damaligen Stadtverwaltung trat ein Oberbürgermeister ohne Sachkenntnis, nur mit dem Ausweise des Parteibuches.

Was in jenen Jahren geschah, ist zu sehr in aller Erinnerung, als daß es der eingehenden Schilderung bedürfte. Kommunalpolitisch war die Eingemeindung der Nachbarstadt Linden am 1. Januar 1920 von großer Bedeutung. Im übrigen ging es in fast allem bergab. Die Finanzen der Stadt gerieten in größte Gefahr. Es darf dem früheren Stadtdirektor Tramm und dem früheren

Aus der Zeit der Inflation:
Notgeld der Hannoverschen Landeskreditanstalt

Senator Dr. Menge, die nunmehr in das neue Stadtparlament als Bürgervorsteher einzogen, nicht vergessen werden, daß sie mit überlegener Sachkenntnis in schweren Kämpfen, später auch in Gemeinschaft mit den Vertretern der NSDAP., z. B. dem heutigen Reichserziehungsminister Rust, gearbeitet und gerettet haben, was zu retten war.

In jenem Zeitabschnitt übernahm die Stadt von der Staatsregierung das ehemalige Hoftheater, später erwarb sie die Schauburg hinzu, um nun mit dem „Opernhause" und dem „Schauspielhause", wie die Anstalten jetzt heißen, echte Kulturpflege zu üben.

Im Jahre 1925 verließ uns unser Ehrenbürger Paul von Hindenburg, um die schwere Bürde des Reichspräsidentenamts zu übernehmen. Als seine Wahl bekannt wurde, da sangen die Massen auf dem Kröpckeplatz das „Nun danket alle Gott" in dem tiefen Gefühl, daß ein erster, großer vaterländischer Erfolg errungen sei.

In demselben Jahre übernahm der damalige Bürgervorsteherwortführer Dr. Menge als Oberbürgermeister die Leitung der Stadt. Seine Antrittsrede enthielt das Versprechen, das Wohl aller Bevölkerungskreise zu heben und eine sparsame und saubere Verwaltung zu führen. Dieses Wort hat er bis zur Gegenwart in zwölfjähriger Amtsführung gehalten. In zäher Arbeit, die oft gestört wurde durch eine starke marxistische Gegnerschaft im Stadtparlamente, wurde die Entwicklung Hannovers vorbildlich gefördert. Die drückende Wohnungsnot wurde überwunden; in fast allen Stadtgegenden entstanden neue, gesunde Wohnviertel. Schulen, Krankenhausbauten und ein neues Wasserwerk wurden errichtet. Die Einführung der Gasfernversorgung brachte den Einwohnern und der Wirtschaft dauernde Vorteile. Die ersten Arbeiten, um die Ausfallstraßen für den wachsenden Kraftverkehr zu verbreitern, wurden getan. Hannover dehnte sich aus und nahm an den Fortschritten der Neuzeit teil; aber niemals ließ es dabei die Gesundung seiner Finanzen außer acht.

Der neue Stadtbaurat Prof. Elkart erweiterte und öffnete die Stadt im Rahmen des Möglichen. Die Stadtbibliothek bekam in einem Hochhaus ihr neues Heim. Bezeichnend für die Wandlung des Geschmackes war der Neubau des Anzeiger=Hochhauses mit der krönenden Planetariumskuppel von Höger, ein Klinkerbau, der an heimische Formen anknüpft.

Der wirtschaftliche Niedergang in den Jahren 1931 und 1932 traf auch Hannover mit voller Härte. In der Zeit des schlimmsten Tiefstandes im Jahre 1932 waren 60 000 Einwohner arbeitslos. In den vierzehn größten Werken der für Hannover so wichtigen Metallindustrie ging die Beschäftigung, gemessen an dem Höchststande nach dem Kriege, um 77 v. H. zurück.

Das Dritte Reich. Der 30. Januar 1933 brachte, wie überall im Reiche, so auch in Hannover, die Wendung. Als erstes Mittel zur Bekämpfung der ungeheuren Wirtschaftsnot wurde die öffentliche Arbeitsbeschaffung ausersehen. Hannovers Stadtverwaltung, wie alle deutschen Städte vom Parlamentarismus auf den Führergrundsatz und die neue Art nationalsozialistischer Selbstverwaltung umgestellt, setzte ihre ganze Kraft daran, um das große Aufbauwerk verwirklichen zu helfen. Als ein gewaltiger Nutzen erwies es sich jetzt, daß die Finanzen der Stadt, dank Sparsamkeit und wirtschaftlicher Voraussicht seit 1925, auch in der schlimmsten Zeit der Wirtschaftskrise gesund geblieben waren. So konnte Hannover sofort eine großzügige Arbeitsbeschaffung aus eigener Kraft ins Werk setzen. Eine große Zahl ungelernter Arbeiter wurde im Erd=

und Tiefbau beschäftigt. Das Netz der Hauptdurchgangs- und Ausfallstraßen sowie der Zubringerstraßen zur Reichsautobahn im hannoverschen Stadtgebiet konnte auf einer Länge von 38,5 Kilometern neuzeitig ausgebaut werden. Das größte Werk der städtischen Arbeitsbeschaffung war der Bau des 80 Hektar großen Maschsees. Was Generationen erträumt hatten, ging damit in Erfüllung. In 665 000 Tagewerken konnte das Werk vollendet werden. Zugleich wurden in einer idealen Projektverbindung der Leinefluß und sein Nebenarm, die Ihme, reguliert und 350 Hektar wertvolles Land hochwasserfrei gemacht.. Und das alles, ohne daß die Steuern oder andere Lasten erhöht zu werden brauchten!

Nebenher ging die Lösung anderer städtischer Aufgaben, wie die Vervollkommnung der Krankenhäuser und der Volksschulen, der Ausbau des Flughafens und vieles andere. Der Wohnungsbau wurde so sehr gefördert, daß die Zahl der Wohnungen, die seit 1925 neu entstanden waren, bis Ende 1935 auf 30 000 gestiegen war. 1936 wurden allein 4480 Wohnungen fertig. Mit dieser Rekordzahl übertraf Hannover alle anderen vergleichbaren Großstädte. Auch die Gesundung der Altstadt wurde in Angriff genommen.

Alle diese städtischen Leistungen haben zusammen mit den Erfolgen aus der Belebung der Privatwirtschaft dazu geführt, daß die Arbeitslosigkeit heute in Hannover überwunden ist. Überall sehen wir die Zeichen des Fortschrittes und der Gesundung. Die Einwohnerzahl ist seit 1933 von 440 000 auf 452 000 gestiegen. Der städtische Haushalt ist ausgeglichen. Wie gesund die städtischen Finanzen sind, hat der kleine Mann daran erfahren, daß die Stadt im Jahre 1937 die Elektrizitäts- und die Gaspreise wieder auf den Vorkriegsstand senken konnte.

Auch das städtische Kulturleben erfuhr unter der tatkräftigen Leitung des kunstfreudigen Oberbürgermeisters warmherzige Förderung. Durch ernste Kunstleistungen gelangten die Städtischen Bühnen in die ersten Reihen der deutschen Theater. Der Inhalt der Museen und der Büchereien wurde ständig bereichert. Hermann Löns, der Dichter der Heide, und Wilhelm Busch, der weltweise Maler, fanden in Hannover eine besondere Stätte der Verehrung.

Das Wilhelm-Busch-Museum in Hannover

Das für Deutschland einzige Wilhelm-Busch-Museum birgt seltene Schätze der Malerei und des Humors. Den freischaffenden Künstlern half die Stadt durch umfangreiche Ankäufe, zu der die Ausstellungen des Kunstvereins unter dem Vorsitz des Oberbürgermeisters Dr. Menge regelmäßig Anlaß gaben.

Ein neues wichtiges Ereignis für Hannover bedeutet die Wiedereröffnung der Herrenhäuser Gärten. Als im Frühjahr 1936 die Schließung der Anlagen drohte, weil dem Eigentümer die Unterhaltungsmittel fehlten, hat die Stadt alles darangesetzt, und den weltberühmten Großen Garten, die einzige Gartenschöpfung geometrischen Stiles, die uns aus der Barockzeit erhalten geblieben ist, und den botanisch-wissenschaftlichen Berggarten in ihren Besitz gebracht. Nun werden die Gärten, nachdem die Stadt sie in Wahrung ihres geschichtlichen Charakters wieder erneuert hat, der Öffentlichkeit von neuem zugänglich gemacht. Zugleich wird auch das historische Naturtheater im Großen Garten zu neuem Leben erwachen und mit einer Festspielwoche hervortreten. Hannover, das schon immer den Ruf der „Großstadt im Grünen" gehabt hat, kann sich nunmehr rühmen, in den großen Herrenhäuser Anlagen, dem Großen Garten, dem Berggarten sowie dem Georgengarten und dem Welfengarten ein lebendiges Museum der Gartenkunst zu besitzen, das einzigartig ist und dem Kranze der öffentlichen Gartenanlagen zur besonderen Zierde gereicht.

Arbeit neuer Art und neuen Zweckes hat Kunst alter Art und alten Zweckes zu neuem Leben, zu neuen Zwecken erweckt. Möge das ein Sinnbild sein für das Hannover im Dritten Reich.

## Hannovers Wirtschaftsblüte seit 100 Jahren

Wenn wir heute rückschauend bei der Neugestaltung des Reiches uns fragen, was Hannover im Zeitalter der Großstädte als führende Stadt besonders hervorhebt im niederdeutschen Wirtschaftsraum, als Stadt des Handels und als Industriezentrum, so finden wir zunächst naturgegebene Grundlagen für seinen Aufstieg im 19. Jahrhundert. Hannover ist Mittelpunkt eines landwirtschaftlichen Gebietes und wurde durch diese Verflochtenheit mit dem Lande frühzeitig der Gütervermittler zwischen Bedarf und Überfluß, der geltende und führende Handelsplatz in Niedersachsen. Niemals wäre Hannover durch fürstliche Gunst allein zu diesem Wirtschaftszentrum geworden, hätte nicht seine glückliche Verkehrslage im Schnittpunkt der wichtigsten europäischen und internationalen Verkehrslinien von West nach Ost und von Nord nach Süd diese Entwicklung gefördert. Heute liegt es an hervorragender Stelle der Reichsautobahnen, die seit Januar 1937 eine direkte Autoverbindung mit der Reichshauptstadt ermöglichen. Im

Flugverkehr ist Hannover ein wichtiger Schnittpunkt geworden, und der Mittellandkanal, der Hannover mit den westdeutschen Wasserstraßen bereits verbindet, wird ihm durch den Weg zur Elbe in der Zukunft für den Güteraustausch nach dem östlichen Deutschland neue Wege erschließen.

Zu dieser Verkehrslage und dem regsamen Wechselspiel der Kräfte zwischen der Landwirtschaft und dem Handel trat im vergangenen Jahrhundert die Maschine, die Entwicklung der Industrie, die der Entfaltung der wirtschaftlichen Blüte Hannovers erst ihr machtvolles Gepräge gab. Sie verdankt — in keiner anderen Stadt Deutschlands ist es so klar ersichtlich — ihre Entstehung und ihren Ausbau dem Wagemut und der Tatkraft einzelner Persönlichkeiten. Auf Johann Egestorff ist bereits verwiesen worden, und die Hannoveraner haben diesen „Kalkjohann", wie er im Volksmunde hieß, der eigentlich der Vater der hannoverschen Industrie wurde, im Jahre 1935 im Stadion zu Linden ein würdiges Denkmal gesetzt, das diese Worte zieren: „Arbeit bringt Segen, Freude, Ehre und Brot." Sein Sohn Georg Egestorff erhielt am 6. Juni 1835 die Erlaubnis, eine Metall-, Gußwaren- und Maschinenfabrik anzulegen. Diese baute schon im folgenden Jahre die ersten Dampfmaschinen und später „Lokomotiven für beschleunigten Personenverkehr". Die Entwicklung dieses Werkes spiegelt alle Formen des umwälzenden Industrialisierungsprozesses der deutschen Wirtschaft. An dem Ausbau des deutschen Eisenbahnnetzes, das für Hannover neue Märkte schuf, hatte die Egestorffsche Maschinenfabrik durch ihren Lokomotivenbau wirksamen Anteil. Von Jahr zu Jahr stieg die Zahl der in alle Welt gehenden Lokomotiven, neue technische Fortschritte wurden in den Produktionsanlagen ausgewertet. Der Ausbau der Fabrik führte in der „Gründerzeit" 1871 zur Umwandlung in eine Aktiengesellschaft, zur „Hannoverschen Maschinenbau-Aktien-Gesellschaft vormals Georg Egestorff in Hannover". Alle Wechselfälle der deutschen Wirtschaft überstand dieses Unternehmen, von dem über alle Wirtschaftskrisen hinaus bis zum Weltkriege eine über diese ganze Zeit sich erstreckende Welle wirtschaftlichen Aufschwunges ausging, eine unaufhaltsam nach oben drängende Bewegung, eine staunenswerte Steigerung von Produktion, Absatz, Verkehr und Verbrauch, eine Mehrung von Volkseinkommen und Volkswohlstand. Werkstätten und Fabrikationseinrichtungen wurden den neuesten Erfahrungen hinsichtlich der vorteilhaftesten Arbeitsmethoden angepaßt, und in hohen, luftigen, lichtdurchfluteten Hallen entstanden die Wunderwerke der Technik. Lieferte „Hanomag" im Jahre 1895 86 Lokomotiven, so betrug im Jahre 1913/14 die Lieferzahl 404! Als der Weltkrieg ausbrach, waren rund 7300 Lokomotiven geliefert. Ein Dampfer, der mit vier Lokomotiven über Bassora nach Bagdad gehen sollte, wurde von den Engländern im Weltkriege aufgebracht, aber die vier Lokomotiven laufen noch heute auf der ägyptischen Staatsbahn und künden den Ruhm deutscher Werkleistung. An der Durchführung des Hindenburgprogrammes war im Weltkrieg Hanomag weitgehend beteiligt. In der Nachkriegszeit bezeichnet einen neuen Abschnitt der Entwicklung die Umstellung der Fabrikation auf vier Erzeugnisse: Lokomotiven, Dampfkessel, Schlepper und Kleinautos. Mit der Aufnahme des Autobaues fand die Hanomag Anschluß an die Fortschritte des Verkehrswesens. Der Weg vom kleinen „Hanomag" zum Hanomag=Diesel=Schnelltransporter zeigt die Hannoversche Maschinenfabrik in der Durchführung großzügiger Aufbaupläne, die seit Georg Egestorff durch drei Generationen Ehrenblätter deutscher Werksgeschichte sind.

Fleiß, Zähigkeit und unbeugsamer Wille im Ausbau des einmal begonnenen Werkes sind in der Industriegeschichte Hannovers Tradition, die an die Namen einzelner Familien geknüpft ist. 1870/71 begann Louis Eilers nach Beendigung des Krieges mit einer Schlosserei in Hannover — heute hat „Louis Eilers, Fabrik für Eisenhoch= und Brückenbau" Weltruf für Hochbau und Bergbau, für Brücken= und Wasserbau. Die Eisenbahnhochbrücke über den Kaiser=Wilhelm=Kanal bei Hochdonn, die große Elbbrücke bei Tangermünde, Walzwerkhallen, Hütten und Schiffswerften überall in Europa und im überseeischen Auslande zeugen nicht allein für den Geist dieses Werkes, sondern sichern Deutschlands Weltgeltung im konstruktiven Eisenhochbau. „A. Knoevenagel, Maschinenfabrik, Eisengießerei, Kes=

selschmiede, Hannover", 1856, vor achtzig Jahren, gegründet, ist gleichfalls durch Generationen bis in die heutigen Tage das Werk einer Familie, die nach wie vor in der Konstruktion von Spezialmaschinen ihre besondere Aufgabe sieht. Weichenbau für die Staatseisenbahnen, Schiebebühnen für Lokomotiven, Wasserkrane, Kohlenkrane, Windeböcke u. a. zeigen Hannovers Anteil in diesem Zweige der Maschinenindustrie.

Um die Jahrhundertwende entstand aus kleinsten Anfängen die „Hackethal=Draht G. m. b. H.", die nach dem Patent des Telegrafendirektors Louis Hackethal zunächst den sogenannten Hackethaldraht herstellte, der sich für elektrische Leitungen im Freien von höchster Wetter= und Säurefestigkeit erwies. Nach Umwandlung in eine Aktiengesellschaft erweitert sich die Fabrikation auf alle Arten elektrischer Leitungen und Kabel für Starkstrom= und Schwachstromzwecke. Ein Metallwerk zur Verarbeitung von Nichteisenmetallen zu Halbfabrikaten (Stangen und Rohre aus Kupfer und Aluminium) wurde dem Werk angegliedert, das heute eine Belegschaft von über 2000 Mann zählt.

Das Eisenwalzwerk Wülfel, das Sondererzeugnisse auf dem Gebiete der Antriebe herstellt, kann als das größte Transmissionswerk der Welt bezeichnet werden. Die Vereinigten Leichtmetallwerke erschließen im Rahmen des Vierjahresplanes mannigfaltige Verwendungsmöglichkeiten des Aluminiums. Pumpen und Waagen liefert nach Deutschland und in alle Welt die Firma Garvens, Armaturen die Firma Dreyer, Rosenkranz & Drop AG., Küchen= und Ofenanlagen erzeugen die Voßwerke AG.

Günther Wagner, seit hundert Jahren in Hannover ansässig, ist ein weiteres Beispiel für den aus Familiengeist geborenen Unternehmergeist. Die Fabrikmarke „Pelikan", das Kennzeichen für Farben, Tinten, Federhalter usw., hat längst Weltruf und kennzeichnet die gediegenen Leistungen dieses umfangreichen Unternehmens.

Den Gründerjahren (1873) entstammt die „Deutsche Asphalt=AG. der Limmer und Vorwohler Grubenfelder, Niederlassung Hannover", die im neuzeitlichen

Straßenbau durch den Bau schwarzer Decken unter Verwendung von Naturasphalt führend ist. Ihre Produktion von Naturasphalt bedeutet im neuen Wirtschaftsplan des Reiches eine beträchtliche Deviseneinsparung, die jährlich eine Million Mark erreicht.

Als im Jahre 1861 Wilhelm Werner eine kleine Fabrik für Daunen- und Bettfedernverarbeitung einrichtete, dachte wohl niemand daran, daß aus diesem Kleinbetrieb durch die Werkliebe einer Familie, durch Beharrlichkeit und Energie, durch Vervollkommnung der Maschinen, durch Waschmaschinen und dazugehörige Dämpf- und Trockenapparate ein Werk der Bettfedernindustrie (mit über 300 Arbeitsmaschinen) entstehen würde, das nicht nur im niedersächsischen Wirtschaftsleben führend, sondern über Deutschland hinaus als Veredelungswerk vorbildlich wurde. Kein Geringerer als Hermann Löns sagte von diesem interessanten Fabrikbetriebe „Werner & Ehlers", daß in seiner „Entwicklung sich ein ansehnliches Stück deutschen Fleißes, deutscher Gründlichkeit und Zähigkeit widerspiegelt".

Wer von den Hannoveranern weiß, daß die „Woll-Wäscherei und Kämmerei in Hannover-Döhren" — 1872 gegründet — in ihrer Wollwäscherei als Schlüsselindustrie für die Streichgarnindustrie das größte Werk der ganzen Welt ist! Die Wollkämmerei dient als Vorbereitung für die Kammgarnindustrie, und — Wunder der deutschen Chemie —: die in den Waschwassern absinkenden Woll-Fette bilden die Grundlage für feinste pharmazeutische Präparate und kosmetische Salben! Das Werk mit seinen dreitausend Mann Gefolgschaft bildet mit seinen sozialen Einrichtungen einen eigenen Lebenskreis in der Landschaft Hannovers. Am 1. Juli 1937 blickt die „Mechanische Weberei zu Linden" auf ein hundertjähriges Bestehen zurück. Im Volksmunde, auf dem deutschen und dem Weltmarkte sind ihre Erzeugnisse als „Lindener Samt" berühmt. Da das Werk seine Ware selbst webt, färbt und fertig ausrüstet, gelingen ihm stets gleich tadellose Samte in schönen und tiefen Farben und in den besten Formen der Veredelung, die vom Auslandsmarkte in ansteigendem Maße begehrt werden. Bei der Verarbeitung des Materials wird mit gründlicher Forschungsarbeit die Eignung einheimischer Rohstoffe erprobt. Eigene Lehrwerkstätten sorgen für den jungen Nachwuchs an Facharbeitern für diese einzigartige deutsche Wertarbeit.

Den Entwicklungsgang vom alten Färberhandwerk bis zum jetzigen Gewerbe der Färberei und chemischen Reinigung hat die Firma F. A. Stichweh seit ihrer Gründung im Jahre 1853 durch alle Wandlungen in Nordwestdeutschland an führender Stelle mitgemacht. Das „Meisterbuch der löblichen Schwarz- und Schönfärber der Kurfürstlichen Residenzstadt Hannover und des Fürstentums Calenberg" beurkundet dem Färberstückmeister Friedrich August Stichweh, daß er am 24. März 1853 die vorschriftsmäßigen Meisterstücksprobearbeiten vorgelegt habe. Ein Jahr nach Gründung der Firma wurde die chemische Reinigung in Deutschland eingeführt, und seitdem haben Angehörige der Familie Stichweh als Träger der Tradition diese in Niedersachsen bekannte Färberei- und Reinigungsanstalt zu ihrer jetzigen Höhe geführt.

Über Hannover hinaus für ganz Niedersachsen, Westfalen und die Rheinlande ist die „Saline Georgenhall-Garben und Eichwede" durch ihre Siedesalzgewinnung, durch Lieferung von Speise- und Gewerbesalzen von volkswirtschaftlicher Wichtigkeit. Die Eisenhandlung „Georg von Cölln, G.m.b.H.", seit 1808 in Hannover, wohl die älteste Eisenhandlung am Orte, ist heute eine Zweigabteilung der Krupp-Werke. Ein eigenes Bild niedersächsischer Handelsgeschichte bietet das „Handelshaus J. W. Sältzer", das 1869 gegründet, die Entwicklung Deutschlands zu einem bedeutenden Handels- und Industriestaate in seinem eigenen Aufstieg teilte. Umsicht und Wagemut — Familiengeist nach alten niedersächsischen Grundsätzen — läßt dieses reichverzweigte Handels- und Versandhaus als Beispiel verantwortlicher Wirtschaftsführung erscheinen, die mit eisernem Fleiß an den Grundsätzen des Hauses: „Freiheit, Treue, Glauben, Recht und Wahrheit" festhält.

Typisch niedersächsische Industriezweige, die ihren Sitz in Hannover haben, sind die blühende Zementindustrie, die vor den Toren Hannovers die reichlich vorhandenen Rohstoffe ausbeutet, und die Kieselgurindustrie, die ihre Gruben in der Lüneburger Heide hat. In diesem Zusammenhange ist der Ilseder Hütte zu gedenken, die mit einem Kapital von mehr als 42 Millionen Mark die niedersächsischen Eisenerze nutzbar macht und neuerdings sogar an die rheinisch-westfälischen Hütten liefert. Eine Welt für sich, verbunden der Rohstoffwirtschaft aller Erdteile, sind die „Continentalgummiwerke A.G.", die ein Wunderwerk technischen Aufbaues, werkverbundener Gemeinschaftsarbeit und zugleich deutschen Erfindergeistes darstellen mit wichtigen Aufgaben in der Befreiung Deutschlands vom ausländischen Rohstoffmarkte.

Hannover, das inmitten einer hochentwickelten Landwirtschaft liegt und eine Halbmillionenstadt zu versorgen hat, erzeugte eine vielgegliederte Lebens- und Genußmittelindustrie. Über vier Jahrhunderte „Broyhan" weisen Hannover als Bierstadt aus. Die „lüttjen Lagen" sind dem eingesessenen Hannoveraner noch heute eine gern geübte Trinksitte. „Gildebräu", Lindener und Wülfeler Biere sind weit verbreitet, das Herrenhäuser Pilsner ist heute in allen Städten Deutschlands als dem fremdländischen Pilsner gleichwertig geschätzt. Das Werk Hannover der Firma H. F. & Ph. F. Reemtsma führt in der Zigarettenindustrie. Reemtsma-Zigaretten gehen von Hannover in alle Welt.

Auf allen Bahnhöfen Deutschlands und in Übersee finden wir die gepflegten Päckchen „Leibnizkeks", die allen Neigungen des Feinschmeckers durch ihre Mannigfaltigkeit entsprechen. Sie entstammen „Bahlsens Keksfabrik", die in ihrer Art für Keks- und Zwiebackherstellung für ganz Deutschland führend ist. „Die Schokoladenwerke von Bernhard Sprengel u. Co." entstanden 1851 als „Königliche Hofdampfschokoladenfabrik" und entwickelten sich – durch Generationen in der Familie Sprengel – zur führenden Schokoladen- und Süßwarenfabrik, deren gediegene Erzeugnisse über Niedersachsen hinaus geschätzt werden.

1879, H. W. Appel, ein Pastorensohn, gründet mit fünf Mitarbeitern ein Kolonialwarengeschäft, Drahtanschrift „Zuckerappel", 1895, aus Zucker wird Feinkost – heute „H. W. Appel, Feinkost A.G., Hannover" mit Zweigfabriken in Lauterbach auf Rügen und Altona an der Elbe! Das einst von H. W. Appel an Stelle des Fremdwortes „Delikatesse" geprägte deutsche Wort „Feinkost" hat sich längst im Sprachgebrauch durchgesetzt, und die Schönheit der Arbeit, die in allen Erzeugnissen Feinkost-Appels schon aus den Verpackungen spricht, ist Grundsatz von Tagesgeltung geworden. Appels „haltbare" Fischkonserven werden bei der immer wichtiger werdenden Hochseefischerei von allgemeiner volkswirtschaftlicher Bedeutung. Zu dieser in ganz Deutschland geschätzten Feinkostindustrie tritt durch rationelle Ausnutzung die örtliche Fleischindustrie. „Fritz Ahrberg G. m. b. H." — Wurst-, Aufschnittwaren und Fleischkonserven — wurde in ähnlicher Weise über Hannover hinaus führend durch sein Versandgeschäft. Auch Johann Weishäupl mit seinen Feinwurstwaren und Fleischkonserven ist in diesem Zusammenhang zu nennen.

Den besonderen Geschmacksneigungen des niedersächsischen Menschen, der in seinem täglichen Brot, im Schwarzbrot, im Gersterbrot und anderen Gebäcken Abwechslung liebt, dienen die „Wülfeler Brotfabrik Georg Fiedeler", über ein Jahrhundert Familienbetrieb, und die Hannoversche Brotfabrik, Franz Harry-Habag.

Die großen Pioniere und Bahnbrecher der hannoverschen Wirtschaft wären nicht zu denken ohne die Banken, denen nun einmal die hochwichtige Vermittlung zwischen Kapital und Arbeit zukommt; denn jede wirtschaftliche Entwicklung und jeder Fortschritt ist in irgendeiner Weise abhängig von der genügenden Bereitstellung des Kapitals. Mit der wachsenden Industrie wurden auch die Banken groß, indem sie jene durch Kreditierung stützten und förderten. 1856 wurde die „Hannoversche Bank" als Notenbank in Form einer Aktiengesellschaft gegründet (mit eigener Banknotenausgabe). Sie wurde 1920 von der „Deutschen Bank und Discontogesellschaft" übernommen. In der Gründerzeit führte das angesehene Privatbankhaus Heinr. Narjes, das damals vielen heute großen ortsansässigen Industrien zur Entwicklung verhalf. Später ging es in die „Commerz- und Privatbank" auf. Die Dresdner Bank wurde um die Jahrhundertwende, als das Bankwesen zu immer stärkerer Konzentration an einigen Plätzen führte, die Nachfolgerin örtlich bedeutender Bankgeschäfte.

Die Niedersächsische Landesbank — Girozentrale — Hannover, deren Geschäftsgebiet sich auf Provinz Hannover, Hansestadt Bremen und Hamburg, auf die Länder Mecklenburg,

Hannoversche Banknote aus dem Jahre 1857 (Aus dem Archiv der ‚Deutschen Bank und Discontogesellschaft')

Oldenburg, Schaumburg=Lippe und Lippe=Detmold erstreckt, gewährt den Kommunen und Kommunalverbänden des vorgenannten Geschäftsbereichs kurz= und langfristige Darlehen und pflegt den Sparkassen= und Spargiroverkehr. Die Hannoversche Landeskreditanstalt wurde von der Hannoverschen Regierung 1840 als eine staatliche Kreditanstalt für Ablösung der bäuerlichen Gefälle errichtet und wird heute als selbständige Körperschaft des öffentlichen Rechtes unter Gewährleistung des Hannoverschen Provinzialverbandes verwaltet.

Die Kapitalversicherungsanstalt zu Hannover mit ihrer Sparkasse besteht seit nunmehr neunzig Jahren und dient der Ansammlung von Kapitalbeträgen innerhalb einer im voraus zu bestimmenden Zeit. Ein= und Auszahlungen und die Verzinsungen sind — im Gegensatz zu dem Spargeschäft der Sparkassen — an festgelegte Beträge, Termine und Zinssätze gebunden. Für die ihr verbundene Sparkasse hat die Stadt

Ein schönes Wappen (Rückseite der 50-Thaler-Banknote)

Hannover seit 1902 die Garantie für alle Verbindlichkeiten übernommen.

Die Sparkasse der Hauptstadt Hannover besteht seit 1823 und ist die größte Sparkasse der Provinz. Bei der Finanzierung städtischer Pläne, z. B. bei der Vollendung des Maschsees, der Erneuerung der altberühmten Herrenhäuser Gärten und bei der Altstadtsanierung nahm die Stadtsparkasse tätigen Anteil.

Seit 1751, also seit über 185 Jahren, besteht die „Landschaftliche Brandkasse Hannover", eine selbständige Körperschaft öffentlichen Rechtes. Sie ging hervor aus den Brandkassen der früheren Landschaften des Königreiches Hannover und dient vornehmlich der Brandverhütung und der Brandbekämpfung. Für Anschaffung und Ausbau des örtlichen Löschwesens gibt sie den Ortschaften ihres Geschäftsbereiches Beihilfen und Unterstützung. Ein reich gegliedertes Feuerlöschmuseum dient der Aufklärung und Brandvorbeugung. Auf der gleichen öffentlich-rechtlichen Grundlage wie die Landschaftliche Brandkasse ruht die „Provinzial-Lebensversicherungsanstalt", die 1918 durch den Provinzial-Landtag gegründet wurde. Neben ihrem Versicherungsbetrieb ist sie ein gemeinnütziges Kreditinstitut für die niedersächsische Wirtschaft, zur Befestigung des Grundbesitzes, Seßhaftmachung der Bevölkerung insbesondere durch Siedlungsbauten.

Damit ist das Bild des wirtschaftlichen Lebens der Stadt Hannover in großen Zügen aufgezeigt. Die Schilderung machte bei der Mannigfaltigkeit und Vielseitigkeit der Hannoverschen Industrie eine Auswahl nötig. Wert auf Vollständigkeit legen hieße vieles noch zu bringen, was für alle Großstädte selbstverständlich ist. Einer Einrichtung ist noch zu gedenken, die der Entwicklung Hannovers zur Großstadt besonders entgegenkam, nämlich der Straßenbahn Hannovers, die vor fünfundachtzig Jahren als Pferdeomnibuslinie begann und vom Bahnhof durch die Altstadt und Neustadt zum Schwarzen Bären führte. Heute haben die „Überlandwerke und Straßenbahnen Hannover, Aktiengesellschaft" ein reich verzweigtes Verkehrsnetz, das in seiner Streckenlänge von 229 Kilometern der Eisenbahnstrecke von Hannover bis Halle an der Saale entspricht. Mehr als andere deutsche

Straßenbahnen pflegt die Straßenbahn Hannover den Güterverkehr, der der täglichen Milchversorgung der Stadt und den durch Anschlußgleise erschlossenen landwirtschaftlichen Anbaugebieten der Umgebung dient. Fördernden Einfluß hatte das reichgegliederte Straßenbahnnetz in bevölkerungspolitischer Hinsicht. Durch die Straßenbahn wurde Hannover zu einer der aufgelockertsten deutschen Städte, zur „Großstadt im Grünen". Sie erschloß dem Stadtbewohner außerdem landschaftlich hervorragende Ausflugs- und Erholungsgebiete wie die Heide und das Deistergebirge, und sehenswerte Kulturstätten, wie die alte Bischofsstadt Hildesheim.

Die Geschichte schließt, die Gegenwart und die Forderungen des Tages setzen ein. Hannover ist das Wirtschaftszentrum für den niedersächsischen Lebensraum geworden. Einen unerschöpflichen Kräftequell hat es in seiner eigenen Rohstoffgrundlage, in den körperlichen und geistigen Arbeitskräften seiner Bewohner, in dem Unternehmergeist seiner Wirtschaftsführer, die durch Jahrzehnte, durch ein Jahrhundert allen Widrigkeiten und Schwierigkeiten zum Trotz ihre Unternehmungen zu großer Blüte und zu Weltruf führten. Die Hannoversche Wirtschaft wird die im Rahmen des zweiten Vierjahresplanes von ihr geforderten Leistungen erfüllen; denn sie ist sich der Pflicht, für das Wohl des Ganzen einzutreten, bewußt. Sie ist gewiß des Schutzes ihrer Wirtschaft durch Staat und Reich. Das verbürgt ihr eine glückliche Zukunft.

Zeichen der Landschaftlichen Brandkasse Hannover mit den Wappenzeichen der Landschaften

# Zahlen aus der Geschichte der Stadt Hannover

| | |
|---|---|
| etwa 1100 | Erste Erwähnung des vicus (Dorfes) Hanovere |
| 1163 | Heinrich der Löwe hält in seiner curia (Hof) Honovere Convent) |
| 1189 | Heinrich (VI.), der Sohn Barbarossas, verbrennt die civitas (Stadt?) Hanovere |
| 1241 | Otto, das Kind, Enkel Heinrichs des Löwen, gewährt ein Stadtrecht |
| 1371 | Großes Privileg. Burg Lauenrode gebrochen |
| 1490 | Abgeschlagener Angriff Herzog Heinrichs auf die Freiheit der Stadt |
| 1533 | Reformation in Hannover |
| 1679–1714 | Zeitalter von Herrenhausen. Hannover wird führend im niedersächsischen Lebensraum. |
| von 1814 an | Baumeister Laves. Klassizismus. Waterloo- und Ernst-August-Stadtteil |
| 1836 | Johann Egestorff baut Dampfmaschinen |
| 1859 | Erste Eingemeindung (Gartengemeinden) |
| 1920 | Eingemeindung Lindens |
| 1936 | Erwerbung Herrenhausens |

Giebel des alten Rathauses von der Dammstraße aus, vor 1837. Das Rathaus (1455 vollendet) mit seiner schönen Stirnwand aus blanken, dunkelroten Ziegeln, kein willkürlicher Steinbau! Selbstbewußter Bürgergeist baute hier aus der Einheit von Landschaft und Menschenschlag.

Blick auf die Marktkirche und den Apothekenflügel an der Köbelinger Straße. Seit 1359 überragt ihr mächtiges Satteldach den Marktplatz, das Rathaus und die Bürgerhäuser.

Das Leineschloß mit dem alten Leinetor im 17. Jahrhundert. Die Landesherrschaft, Herzog Georg von Calenberg, begann im Jahre 1636 mit dem Bau des Schlosses. Das große Schloß an der Leine wurde später von Laves umgebaut.

Die Ägidienkirche und die alte Kanzlei. Diese gotische Kirche aus dem Jahre 1347 erhielt in dem Jahre 1717 einen Turm aus der Barockzeit. Der im grünen Edelrost leuchtende Turmhelm erhebt sich, weithin sichtbar, wie ein Wahrzeichen der Stadt.

Beginenturm von der Insel aus, am hohen Ufer der trotzige Bau, errichtet aus Kalkstein des Lindener Berges, ein anderes Gleichnis für die Bedeutung und die Kraft der alten Leinestadt... und ein Bild von hohem malerischem Reiz!

Am Markt. Der Markt mit dem Altstädter Rathaus, mit der Marktkirche und stolzen Bürgerhäusern spricht durch Jahrhunderte von beschaulicher Wirklichkeit.

An der Leine. Beim Durchwandern von Alt-Hannover durch die turmreiche Altstadt und über die Insel durch malerische Gassen, durch die das milchig bewölkte Himmelsblau durchblickt — Hannover gehört zu den schönsten alten deutschen Städten.

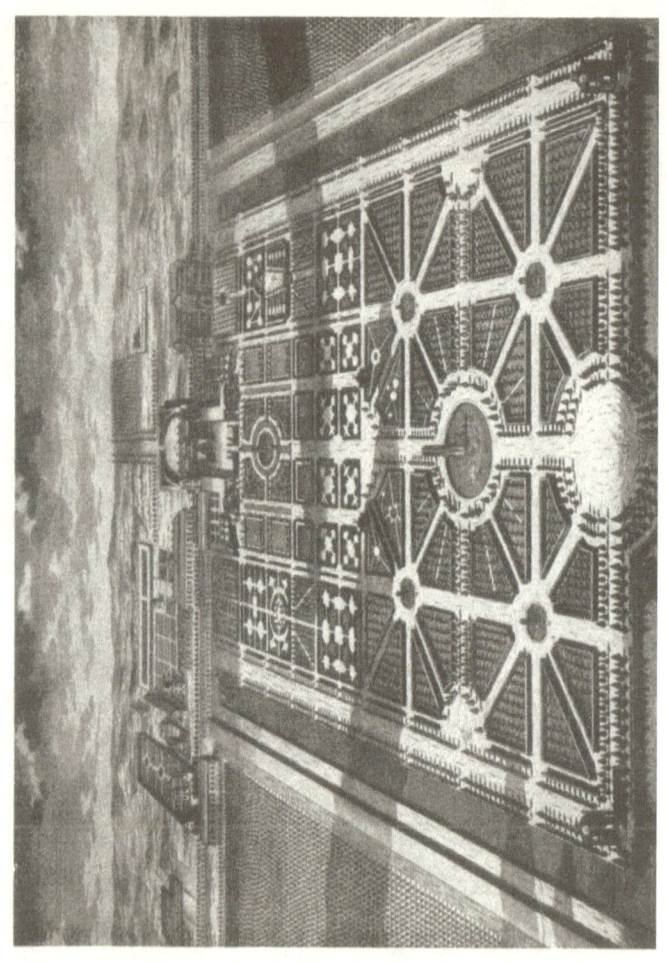

Die Herrenhäuser Gärten in breiter Ebene mit dem Blick in „unendliche" Gärten, auf Teiche und Wasserspiele.

Schloß Herrenhausen. Parkseite. Ehrenhof mit Freitreppe

Hannover-Herrenhausen, Galeriegebäude, Gartenseite, Mittelbau. Kein Fremder möge die Stadt verlassen, ohne mit den Herrenhäuser Gärten vertraut zu sein!

Städtisches Opernhaus, Vorderseite, Mittelbau. Laves, der gedankenreiche und weitblickende Städtebauer schuf das Antlitz der neuen Stadt Hannover. Großzügig und harmonisch ist die Wirkung seiner Bauten.

Die alte Friederikenbrücke über die Graft wurde mit der Neuherstellung des großen Gartens in Herrenhausen durch Louis Eilers erneuert. Sie stammt aus dem Jahre 1840 und ist eine der ältesten eisernen Brücken Deutschlands. Ihre schönen ornamentalen Ausschmückungen haben einen eigenen Reiz.

Die Technische Hochschule, als „Welfenschloß" in neuromanischem Stile am Eingang der Herrenhäuser Allee erbaut.

Die
Stadthalle
Hannover

Blick auf den Maschsee. Was Generationen erträumten, ging mit diesem Meisterwerk menschlicher Arbeitsleistung in Erfüllung. Ein herrlicher See entstand.

Blick auf das neue Rathaus.

www.ingramcontent.com/pod-product-compliance
Lightning Source LLC
Chambersburg PA
CBHW020936230426
43666CB00008B/1703